企業倫理研究序論

経営学的アプローチと倫理学的考察

山下裕介 YAMASHITA Yusuke

An Introduction to the Study of Business Ethics

文理閣

はしがき

　今も昔も、企業犯罪や企業不祥事の発生は後を絶たない。企業の社会的責任（CSR：corporate social responsibility）や企業倫理（business ethics 経営倫理とも訳される）に対して広く世間の強い関心が集まり、企業が果たすべき責任、そして企業が守るべき倫理とは何であるのかということが問われ続けている。この傾向は、資本主義と私的な営利企業の著しい発展と成熟とが成された20世紀以降（特に第二次世界大戦後）、いつの時代にも見受けられるものである。企業の社会的責任や企業倫理に関する議論については、果たすべき責任（社会的課題事項への対応）もまた倫理（企業の内的規範）によって実現されるという論理から、企業倫理研究にこそ、この分野の問題解決に資する究極の論点が存在していると著者は考える。

　企業倫理研究は、従来から、経営学における「企業倫理」論と、哲学的議論としての倫理学における「応用倫理学」の一分野たる「企業倫理学」との、二方向からアプローチされている。「企業倫理」論は経営学的視点から、企業が実践すべき倫理を実現する内部制度化のあり方を、専らその議論の主要点に置いている。一方、「企業倫理学」は倫理学的視点から、企業が実現すべき内的な規範としての倫理の具体的基準の内実について、専ら論じられるものである。この両者は、企業倫理実践における具体的内部制度のあり方の問題と、その内部制度を本質から規定する倫理的基準のあり方の問題との、満たすべき双方の問題に対応するものとして、相互補完的関係にあり、このことは企業倫理研究に関しては、両者が同時的に議論されることが必要であることも示してもいる。

しかしながら、現在の企業倫理研究においては、経営学と倫理学というそれぞれの主たる研究基盤の違いによって、「企業倫理」論と「企業倫理学」とが、その基本的な方法論などの本質的な部分から一体的に結合して論じられるという展開にまでは至っていない。

　そこで、本書では、企業倫理の実践とその研究に関する経営学的なアプローチの基礎的な内容を主要な論点に置きつつも、著者の考えるある特定の倫理学的な見解にまで（あくまでも補論的位置づけとしてではあるが）踏み込んで議論を展開する。その意味するところは、従来のような企業倫理に対するそれぞれに独立した二方向からのアプローチでは、企業倫理研究に対してその起点の相違から生じる解消されえない問題があるのではないか、そしてそのような問題の解決にこそ我々が見い出すべき知見が埋もれているのではないか、という問題意識の明確化に、僅かでも資する「議論の素材」を提供したいということである。そのため、本書の具体的な内容は次のように展開する。

　まず、企業の社会的責任と企業倫理との相違について明らかにする。本書では責任と倫理とのそれぞれに関する基本的な考え方の相違が、企業の社会的責任と企業倫理との相違を生み出しているという立場をとる。このような立場にもとづきつつ、続いて経営学的な議論から企業の社会的責任と企業倫理との相違について明らかにしていく。ここでは専ら、アメリカにおける議論を中心に確認する。

　第二次大戦後のアメリカにおいては、1950年代・1960年代から企業が果たすべき社会的責任に関する議論が展開されてきている。アメリカにおけるこのような議論の本格化は、1970年代からの「企業と社会」、あるいは「経営における社会的課題事項」と呼称される学問分野の誕生によってもたらされている。これらの議論の当初の段階においては、社会的な問題や課題事項の再発防止に重点が置かれ、このような論

調の中で株主以外の利害関係者という存在の確定化が進められてきている。個別具体的な問題の事後的な解決に傾注したものである 1970 年代初頭の「企業の社会的責任」論に対する修正は、「企業の社会的即応性」の概念の登場によって実現されている。そしてこの「企業の社会的即応性」の概念がもたらした社会的な問題や課題事項の予測・予防的対応という論点は、後に 1980 年代からの企業倫理研究の本格化をもたらすものでもある。企業倫理研究にはすでに述べたように、経営学的な議論である「企業倫理」論と、「応用倫理学」の一分野としての「企業倫理学」との双方の議論が存在する。「企業倫理」論については、企業倫理の内部制度化を巡る論点を代表的な論者の研究から確認し、本書ではその論点を統合したものを提示する。また、企業倫理を実現するための内部制度化の実務的・実践的な形態であるコンプライアンス型アプローチとバリュー・シェアリング型アプローチとの双方について、それらの本質的側面から見い出せるものとして、複合型アプローチという新たなるアプローチをも提示する。さらに、経営学的側面から、企業倫理の具体的内実の規定の困難さを解消する一つの試論的試みとして、立法精神の遵守という論点もまた提示する。

　以上のこれらの点について、当該領域の代表的な論者や文献にみる論点、さらに本書の独自的な見解をもとにして明らかとすることが、本書の第一の展開である。

　続いて、ここまでに論じられてきたことの総括と、その理論的な総合化を図ることが第二の展開である。「企業の社会的責任」論から「企業の社会的即応性」論への展開、さらに企業倫理研究へと至る一連の議論の理論的な総括・総合化の試みは、先行研究においても見受けられるものであるが、本書ではそれらを確認した上で、新たに「現代 CSR」論として独自的な論点を提示する。ここでの独自性とは、「現代 CSR」論における

「企業倫理学」の位置づけ（最重要性）を明確に規定するという点にある。

　以上の第一、第二の展開を経た上で、本書は第三の展開として、それまでの経営学的な議論から離れ、もう一方のアプローチである倫理学的な企業倫理研究を提示する。ここでは、より哲学的・倫理学的に踏み込んだ具体的な議論として、批判哲学的企業倫理研究を論じる。これは、カント（Kant, I）の批判哲学とその道徳哲学である人倫の形而上学を参照し、企業倫理の研究と実践に備わるべき倫理規範・道徳的規準・道徳法則の条件やその他の重要な哲学的論点について考究するものである。

　以上の具体的な三つの展開によって、本書が、読者の経営学的な考察だけではなく、哲学的な関心にも資することを期待する。

　本書は、著者が駒澤大学大学院商学研究科商学専攻博士後期課程在学時に、平成 19 年度の課程博士による博士（商学）の学位取得のために提出した博士学位請求論文「企業倫理研究の論理―経営学と倫理学との包括的アプローチ―」をもとにして作成されたものである。

　本書の刊行にあたって、原本である博士学位請求論文から大幅にその内容を再編し、修正を加えた。具体的には、前半部分の経営学的研究を中心に収録し、後半部分の倫理学的研究は削除した上で、代わりに著者が学位取得後に発表した別の論文を（本書の体裁にあわせるための若干の修正を加えた上で）収録することとした。その論文とは、博士学位請求論文の後半部分の内容を短くまとめるとともに、新たな知見も追加して発表した論文「批判哲学的企業倫理研究」（駒澤大学経済学会『経済学論集』第 41 巻第 1・2 合併号〈経済学部創立 60 周年記念号〉、2009 年 12 月、213-241 ページ）である。この論文の本書への収録を許可して頂いた駒澤大学経済学会に、この場にて深く感謝を申し上げる。

　このような、原本である博士学位請求論文の大幅な再編を経ての書籍

化・出版という経緯から、原題を改題する必要が生じた。そこで改めて、書籍化にあたり本書は「企業倫理研究序論─経営学的アプローチと倫理学的考察─」と改題した。その意味するところは、企業倫理研究における経営学的アプローチと倫理学的アプローチとの双方を、包括的にまとめた原本とは違い、本書においてはあくまでも経営学的アプローチを議論の中心に置きつつ、そこに読者のより深い知見の獲得への道に資するべく、若干の倫理学的考察も補論的に（最終章たる第3章に）付け加えた、という体裁の変化にある。

　以上のような、本書の作成過程における種々の経緯は、本書が企業の社会的責任や企業倫理を学び、研究する人々にとって、入門書、あるいは序論的位置づけを成す研究書となることを、著者が期待していることに由来する。

　本書の出版、並びにその元々の契機である博士（商学）の学位取得は、恩師である駒澤大学経済学部教授百田義治先生と、明治大学名誉教授中村瑞穂先生の厳しくも温かいご指導とご教授がなければ、到底不可能なことであった。ここに厚く御礼を申し上げる。両先生の弟子となれたことが、著者にとって無上の喜びであり、人生最大の幸運であった。もし著者に僅かでも何かしらの業績なるものがあるとすれば、それはひとえに両先生のご教示があってこそ成し得たものであることは言うまでもない。

　また、両親や家族・親戚からの応援・支援がなければ、本書の出版はもちろん、私が今の仕事に就くことも不可能であった。この場を借りて深く感謝を申し述べたい。

　最後になったが、本書の書籍化・出版にご協力して頂いた文理閣代表、黒川美富子氏に、厚く御礼を申し上げる。

2017年3月1日　　　　　　　　　　　　　　　　　　　　　　山下　裕介

目　　次

はしがき

第1章　企業の社会的責任と企業倫理 ……………………… 11

第1節　企業の「責任」と「倫理」について　11

第2節　アメリカにおける「企業の社会的責任」論の展開　16

第1項　1950年代・1960年代の「企業の社会的責任」論　17

第2項　「企業と社会」＝「経営における社会的課題事項」　20

第3項　1970年代初頭の「企業の社会的責任」論　24

第4項　「企業の社会的即応性」の概念の登場　28

第3節　「応用倫理学」の一分野としての「企業倫理学」　30

第4節　「企業倫理」論の発展　33

第1項　「連邦量刑ガイドライン」の生成　33

第2項　企業倫理の内部制度化を巡る議論　34

第3項　企業倫理に対する経営者の動機　37

第4項　コンプライアンス型とバリュー・シェアリング型の
アプローチ　40

第5項　複合型アプローチの論理　45

第6項　複合型アプローチの諸形態　53

第5節　立法精神の遵守　56

第6節　「企業倫理学」と「企業倫理」論との相互補完性　58

9

第2章　「現代CSR」論 ………………………………………… 65

第1節　「現代CSR」の論理　65

第2節　「現代CSR」の制度化　65

第3節　「現代CSR」を巡る議論　70

第4節　「現代CSR」論における「企業倫理学」の位置　76

第5節　企業の社会的責任・企業倫理に関する議論の
　　　　今後の展望　83

第3章　批判哲学的企業倫理研究 ……………………………… 91

第1節　現代におけるカント哲学の意義　91

第2節　人倫の形而上学
　　　　―定言的命法と「同時に義務である目的」の概念―　94

第3節　批判哲学的企業倫理研究による諸説　100
　第1項　定言的命法の組織的人格への適用の理論　100
　第2項　組織的人格の倫理的責任の源泉　106
　第3項　資本の論理と経営意思の自由との二律背反の問題　108
　第4項　企業倫理に関するカントの道徳哲学的教理　112

参考文献　123

第1章

企業の社会的責任と企業倫理

第1節　企業の「責任」と「倫理」について

　企業の違法行為としての「企業犯罪」や、企業の反倫理的行為（倫理や道徳が示す規範的基準に対して明確に違反する行為）や非倫理的行為（倫理や道徳が示す規範的基準に対して明確には違反しないものの、倫理的行為と認めるには疑問がある行為）としての「企業不祥事」に対して、多くの非難と批判とが向けられている。このような企業が抱える問題行動が露見し、それに対して社会や市民の側から厳しい非難と批判とが向けられるという全社会的な動向は決して新しいものではない。20世紀以降特に顕著となった企業の社会的影響力の強大化に伴い、多くの社会的問題が企業と社会との間で頻発してきており、その傾向は近年に至っても依然として解消されることがない（図表-1参照）。特に戦後は、民主主義社会の成熟化に伴い、市民による社会的運動などによって、企業が抱える問題の是正を求める社会的な機運が日々高まり続けてきたといえるだろう。このような社会情勢を反映して、各分野においてこのような企業犯罪や企業不祥事の発生を防ぐための論議が続けられてきている。

　我々はこのような企業が抱える問題を批判するときに、「責任」（responsibility）と「倫理」（ethics）という概念を専ら用いる。責任という概念には企業に対してそれを課す主体が必要であり、この主体は社会に

図表-1 企業倫理関連事件と社会的事件 (2000 年〜 2005 年)

西暦	企業倫理関連事件	社会的事件
2000	・光学機器販売会社がイランに武器輸出（外為法違反） ・ワシントン連邦地裁がマイクロソフト社を独占禁止法違反と認定 ・参天製薬への脅迫事件で、同社の目薬 250 万個が店頭から回収 ・食中毒事件で、雪印乳業大阪工場が無期限営業停止 ・三菱自動車にリコール隠し容疑で強制捜査 ・三菱電機が製品の欠陥隠し。テレビの発火事故を起こす ・デジタル加入者線事業で NTT 東日本に新規参入妨害容疑	・国家公務員倫理法施行 ・国内航空運賃が完全自由化 ・全国の市町村で介護保険が始まる ・ストーカー規制法成立 ・韓国と北朝鮮の初の南北首脳会談 ・「ナスダック・ジャパン」の取引開始 ・シドニーオリンピック ・白川英樹筑波大学名誉教授がノーベル化学賞を受賞 ・クローン規制法成立 ・尼崎公害訴訟で和解成立
2001	・海上自衛隊発注の護衛艦修理に関連して、8 社に入札談合の容疑 ・中部電力浜岡原発にて放射能漏れが判明 ・エンロン破綻	・小泉純一郎内閣発足 ・中央省庁再編（1 府 12 省庁） ・漁業練習船の愛媛丸が米海軍原潜と衝突し沈没 ・3 品目（ネギなど）を対象にセーフガード暫定発動へ ・国内で初の BSE（狂牛病）感染牛の疑い ・米国で同時多発テロ ・野依良治名古屋大学教授がノーベル化学賞を受賞
2002	・狂牛病対策を悪用し、雪印食品が牛肉偽装。同社元幹部 5 人が逮捕 ・丸紅畜産が鶏肉偽装。同社に対し公正取引委員会が排除命令 ・みずほ銀行で大規模システム障害が発生。同社に対し金融庁が業務改善命令	・欧州 12 カ国単一通貨ユーロの流通開始 ・秘書給与疑惑など、国会議員の問題が多発 ・日韓共催サッカーワールドカップ ・自動車リサイクル法成立

2002	・ 国後島発電所入札に関連して、三井物産部長ら業務妨害容疑で逮捕 ・ ワールドコムが倒産 ・ 日本ハムが牛肉偽装 ・ 東京電力が原発トラブル隠し ・ ワン切り業者に有罪判決 ・ 日本信販が総会屋に利益供与	・ 日本経団連が「企業行動憲章」を改定 ・ 小柴昌俊東京大学名誉教授がノーベル物理学賞を受賞。島津製作所の田中耕一氏が同化学賞を受賞 ・ 北朝鮮による日本人拉致被害者5人が帰国
2003	・ 名鉄バスで無免許運転が発覚 ・ 自衛隊機整備で、日本飛行機が水増し請求 ・ 携帯電話販売の価格拘束問題で、J-フォンに排除勧告 ・ ヨネックスが、製品の製造地を国産と虚偽表示 ・ 日本テレビで買収による視聴率操作が発覚 ・ 熊本県にて、ハンセン病元患者がホテル側に宿泊を拒否され問題化 ・ トヨタの系列販売店にて、一級小型自動車整備士（国家試験）の検定問題が漏洩	・「千と千尋の神隠し」が第75回アカデミー賞受賞 ・ イラク戦争、フセイン政権崩壊 ・ 新型肺炎（SARS）の感染者が世界で急増 ・ 日本郵政公社が発足（郵政民営化問題） ・ 食品安全基本法成立 ・ 個人情報保護法成立 ・ イラク特措法成立 ・ 医療ミス続発
2004	・ 兵庫県にて、浅田農産社長が同社農場で飼育する鶏に鳥インフルエンザ感染の疑いがあると知りながら届け出を怠り逮捕 ・ ソフトバンクBBがヤフーと展開しているブロードバンドサービス「Yahoo!BB」の顧客情報の一部が社外に流出していることが判明 ・ 三菱自動車製大型車の欠陥事件で同社元社長らが業務上過失致死の疑いで逮捕。三菱ふそうの前会長らも虚偽報告容疑で逮捕	・ 山口県で鳥インフルエンザ発生。その後、大分県・京都府でも発生 ・ 国民年金未納問題 ・ 北朝鮮による日本人拉致被害者の家族が帰国 ・ イラクでフリージャーナリストの邦人2人が殺害 ・ 公益通報者保護法成立 ・ アテネオリンピック ・ イラクの武装組織に人質とされた邦人が殺害

2004	・ 西武鉄道が少数株主の保有比率を有価証券報告書に虚偽記載。堤義明氏は西武グループの全役職を辞任。西武鉄道は上場廃止 ・ NHK にて番組制作費着服などの問題が相次ぐ。また、受信料支払拒否・留保件数が 10 万件を超える	・ 新潟県中越地震が発生、県内を中心に被害 ・ 奈良小 1 女児殺害事件 ・ インドネシア、スマトラ島沖にて史上最大級の地震が発生。インド洋に大津波を引き起こし、南アジアを中心に死者・不明者多数
2005	・ NHK の一連の問題から、同会長が辞任 ・ 富山地裁にて、串岡弘昭氏がトナミ運輸に対する損害賠償請求に勝訴。同氏は、内部告発をしたために約 30 年間にわたり昇格が見送られたと主張 ・ カネボウは巨額の粉飾決算が発覚した問題で上場廃止に ・ JR 西日本福知山線にて列車脱線事故。乗客に多数の死傷者を出す。運転士に対する「日勤教育」が問題に ・ セガの運営する「東京ジョイポリス」で身体障害者が転落死 ・ 認知症の姉妹に対する訪問業者の高額リフォーム契約が社会問題化 ・ 国内未承認の医薬品成分を含むダイエット用健康食品を服用した女性が死亡。同健康食品による被害が拡大 ・ 朝日新聞社が東京国税局の税務調査で、2004 年 3 月期までの 7 年間に総額約 11 億 8600 万円の申告漏れを指摘される	・ 愛知万博（愛・地球博） ・ 福岡県西方沖地震が発生 ・ ライブドアとフジテレビによるニッポン放送経営権争奪騒動、楽天と TBS の経営統合問題、村上ファンドによる阪神電鉄株大量取得問題などが社会現象に。 ・ アパレル大手のワールドが、MBO を達成 ・ 中国にて、大規模反日デモが発生 ・ イラクで米軍基地警備の仕事をしていた邦人が武装組織によって殺害 ・ 日中間で、東シナ海の天然ガス田開発が問題化 ・ 偽造、盗難キャッシュカードによる預金の不正引き出し被害に関し、金融機関に原則的に補償を義務付けるなどの対策が進む ・ 会社法成立 ・ 郵政民営化法案成立 ・ アスベスト健康被害問題 ・ 首都圏の銀行 ATM（現金自動預払機）から小型隠しカメラが見つかる

| 2005 | ・明治安田生命が、契約者に支払うべき保険金・給付金の一部に不払い。不適切な不払いの件数は過去5年で1000件以上 ・国土交通省が発注する鋼鉄製橋梁工事をめぐる談合事件が発覚。事件に関係する15社に同省が営業停止命令 | |

参考文献：竹澤史江「資料―企業倫理関連事件史（1970年～2003年）」小林俊治・百田義治編『社会から信頼される企業―企業倫理の確立に向けて―』中央経済社、2004年、168-180ページ。

出所：山下裕介「企業倫理関連事件と社会的事件（2000年～2005年）」百田義治編著『経営学基礎』中央経済社、2006年、257-259ページ。

存在するものであるから、ここに「企業の社会的責任」（corporate social responsibility）という概念が結実する。一方、企業に対して倫理が課されるという認識は客観的かつ普遍的な真理にもとづくものであり、我々は倫理の具体的な内実を普遍的な人間理性を用いて抽出する。普遍的な人間理性への揺らぐことのない確信にもとづいて、企業を専ら企業自身において内発的に自己規制させるものとして、「企業倫理」（business ethics）という概念がある。「企業の社会的責任」と「企業倫理」とを比較すると、それぞれが「企業」という用語に関して「corporation」と「business」という別の用語を用いている。「corporation」という用語には、大規模な企業であり、公開の株式会社であり、法人であるといった意味合いが込められており、「business」という用語には、仕事、事業、企業といった意味合いが込められている。「企業の社会的責任」という概念において、その責任を企業に対して課す主体が社会（に存在するもの）であることは、企業の問題行動によって社会が被る可能性がある広範かつ甚大な影響を懸念してのことであり、それ故に「corporation」という用語を用いる。つまり、企業の影響力の強大さを懸念する故に、そのような強い影響力をもった大規模な

企業に課されるべき責任を特に強調するために「corporation」という用語を用いるのである。一方、「企業倫理」における「business」という用語には，倫理とは本来から自然人のものであり、倫理とは個々の人間がもつべきものであり、倫理を各人がもつということが実現した結果として企業が組織全体として倫理をもてるのであるといった「企業倫理」の特性を強調する用語として、企業の大規模性や公開性ではなく特に本来の業務や事業そのものと一体化した倫理を重視するものとしての意味が込められている。しかしながら、「corporate social responsibility」と「business ethics」の和訳において、「corporation」と「business」とがともに「企業」と訳されている点は重要な示唆を与えるものである。「corporation」と「business」とが本来の意味合いとして共通に有する「企業」という訳語をあえて用いる背景には、「corporation」と「business」とが本来の意味合いとして有しているもの全てをもって、社会的責任の問題にも倫理の問題にも対応しようという積極的姿勢が見い出されるのである。つまり、この問題に関する議論が、企業の規模やその組織制度のあり方、あるいは仕事や事業の種類などによって個別的・特殊的に限定されずに、一貫して企業全体の問題として論じられるべきものであると捉える姿勢である。

第2節　アメリカにおける「企業の社会的責任」論の展開

　企業は、自らが存在する社会の経済的環境のもとで自由に企業活動を行う裁量を有しているが、一方でその社会および経済的環境に内在する要因から具体的行動に制限や限定を受ける。また、あるべき規範論を前提とするならば、社会や経済的環境といった相対的な要因とは別に、普遍的に認められる客観的な倫理的・道徳的な価値といった絶対的要因からの規制も受ける。現代社会における、これら企業活動を制限・規制す

る要因の成立は、近代以降の市民社会の成熟化に伴う個々の市民の権利意識や倫理的価値観の向上がもたらしたものであろう。すなわち、市民意識の向上にもとづく社会的要請が個別企業に対して向けられているということである。しかしながら、このような社会的情勢を前にしてもなお、企業の抱える問題行動は依然として頻発している。企業犯罪や企業不祥事に対する近年の社会的動向は、政治的、あるいは行政的な公的議論、経済界の社会的取り組み、市民運動、学問的研究といった社会のさまざまな側面からのこの問題に対する接近をもたらしている。特に学問的研究の分野においては経営学を中心に企業犯罪や企業不祥事の発生を未然に防ぐための論議が続けられてきているが、そのような研究に関して非常に先進的な役割を果たしてきたのはアメリカである。

　アメリカでは高度に発展した学問的研究成果が理論的に精緻化され、その現実企業に対する適用と応用が進められている。また、このような分野に関して先取的な企業が賞賛され、その実践の具体的内容が理論化され、新たな理論がさらにより高度な実践的取り組みに向けて有効な役割を果たしてきている。もちろん、アメリカにおいても依然として多くの企業犯罪や企業不祥事が露見してきているが、少なくとも先進的にこのような問題に取り組んできたことは、多くの有用な理論の成立とその実践に結びついてきているのであり、今日、その成果を無視することは決してできない。したがって本書においてはまず、アメリカにおける、企業犯罪や企業不祥事に関する具体的議論である「企業の社会的責任」論とその展開を確認する。

第1項　1950年代・1960年代の「企業の社会的責任」論

　アメリカにおける「企業の社会的責任」論の特徴は、個別企業の自発的努力を中心として企業犯罪や企業不祥事といった問題の克服を図ると

いう点にあり、その様な議論が登場することとなった背景と、具体的な社会的責任論を展開していく議論の嚆矢は、1950 年代から 1960 年代にかけてのアメリカ社会情勢の劇的な変化の潮流とそれに伴い群発した一群の学術的研究成果にある。第二次大戦後のアメリカ社会の大きな転換期は 1960 年代にみられる。この時期においては、社会を構成する各種各層の人々が市民として自らの権利を高々と主張することが公共の場において積極的に展開された。すなわち、消費者の権利、少数派の公民権、男女平等、自然環境の保護といったさまざまな主題を掲げて、社会全体に影響を与えるような大規模運動が盛んに展開されたのである[1]。特に消費者の権利運動は、1962 年に当時のケネディ大統領（Kennedy, J. F.）が四つの消費者の権利（安全の権利、選択の権利、知らされる権利、意見が反映される権利）を掲げたことに象徴されるように、大きな社会的関心事であった。また、この時期を代表する著作として、自然環境の破壊と人体に悪影響を及ぼす可能性がある農薬としての化学物質の乱用を警告し、その後全世界に自然環境問題を提起するきっかけとなったカーソン（Carson, R. L.）の『沈黙の春』（Silent Spring）がある[2]。

このような社会的動向のなかで、企業が社会において果たす役割や機能に重要性が見い出され、社会の根幹に作用する企業のあり方を考えるものとして、企業が果たすべき社会的責任に関する議論が注目されていくこととなった。ここでの経営学的議論、すなわち、1950 年代から 1960 年代にかけての当初の議論は、株主と専門経営者との関係性の問題、または企業と社会との関係性の問題、つまり企業権力の行使に関する正当性の問題に注目が集まっていた。あるいは、企業に対して、キリスト教の倫理観といった特定の宗教における価値観が示す、社会的責任のあり方に関する議論に注目が集まっていた。当時の議論を代表するものとしては、例えば、前者についてはマクガイア（McGuire, J. W.）の

著作[3] があり、後者についてはボーエン（Bowen, H. R.）の著作[4] がある。まず、時系列的には先に発表されたボーエンの『ビジネスマンの社会的責任』（*Social Responsibilities of The Businessman*）は、戦後のアメリカにおいてキリスト教系の大学で盛んに論じられた企業の社会的責任に関する議論を代表する 1950 年代の文献である。キリスト教という特定の宗教の倫理観をもとに構成されるボーエンの企業の社会的責任に関する議論は、社会的責任とは倫理や道徳と関わる概念であるという主張をもとに構成されている。この議論においては、大規模な企業において特に問題となるのが社会的責任であり、この社会的責任問題は所有と経営とが分離した状況のなかでいかにして企業が保有する強大な権力を行使する正当性を担保していくかという問題とも密接に関わったものでもあるとされている。続いて 1960 年代に入るとマクガイアの『現代産業社会論—ビジネスの行動原理—』（*Business and Society*）が発表された。この 1960 年代の企業の社会的責任問題に関する議論を代表する著作においては、明確に「企業と社会」（business and society）という概念が登場してくる。後に 1970 年代に入り本格化する「企業と社会」論の嚆矢であるマクガイアの議論は、ボーエンの議論と並びやはり強大な企業権力行使の正当性に関してその根拠を議論するものとして特徴づけられるものである。すなわち、企業に対して社会的責任を課す具体的主体、その社会的責任を果たすべき具体的対象、また社会的責任にはいかなる内実があるのかといった本質的問題を議論したものである。

　いずれにしても、1950 年代から 1960 年代にかけてのアメリカにおける社会的な潮流の劇的な変化とそれに伴う企業の社会的責任に関する議論の登場とは、1970 年代以降の、学術的かつ理論的にみてより本格的な「企業と社会」論や「企業の社会的責任」論の登場を準備したものであるといえよう。

20

第2項 「企業と社会」＝「経営における社会的課題事項」

　このような社会的・学問的動向を受けて、1971年にはアメリカ経営学
会（Academy of Management）において、「企業と社会」（B&S：Business
and Society）あるいは「経営における社会的課題事項」（SIM：Social Issues

図表-2　企業倫理の課題事項―関係領域と価値理念―

〈関係領域〉	〈価値理念〉	〈課　題　事　項〉
①競争関係	公　正	カルテル、入札談合、取引先制限、市場分割、差別対価、差別取扱、不当廉売、知的財産権侵害、企業秘密侵害、贈収賄、不正割戻し、など。
②消費者関係	誠　実	有害商品、欠陥商品、虚偽・誇大広告、悪徳商法、個人情報漏洩、など。
③投資家関係	公　平	内部者取引、利益供与、損失保証、損失補填、作為的市場形成、相場操縦、粉飾決算、など。
④従業員関係	尊　厳	労働災害、職業病、メンタルヘルス障害、過労死、雇用差別（国籍・人種・性別・年齢・宗教・障害者・特定疾病患者）、専門職倫理侵害、プライバシー侵害、セクシャルハラスメント、など。
⑤地域社会関係	共　生	産業災害（火災・爆発・有害物質漏洩）、産業公害（排気・排水・騒音・電波・温熱）、産業廃棄物不法処理、不当工場閉鎖、計画倒産、など。
⑥政府関係	厳　正	脱税、贈収賄、不正政治献金、報告義務違反、虚偽報告、検査妨害、捜査妨害、など。
⑦国際関係	協　調	租税回避、ソーシャルダンピング、不正資金洗浄、多国籍企業の問題行動（贈収賄、劣悪労働条件、公害防止設備不備、利益送還、政治介入、文化破壊）、など。
⑧地球環境関係	最小負荷	環境汚染、自然破壊、など。

出所：中村瑞穂「ビジネス・エシックスと公益」日本公益学会『公益学研究』第1巻第1号、
2001年9月、6ページ。

in Management）と呼称される学問分野を研究対象とする部会が発足し、本格的に学問的研究が展開された[5]。初期の「企業と社会」あるいは「経営における社会的課題事項」における議論は、株式の高度な分散化が進み、非所有者である専門経営者による企業に対する支配が確立してきたなかで、そのような経営者はいかなる正当な根拠をもって、時として企業財産の処分にも関わる経営意思決定を適切に行うべきであるのか、そして、資本主義経済の拡大と発展のなかで企業権力の強大化が進む一方で、その行使にはいかなる正当性と責任が伴わなければならないのかという視点を主に有しており、1950年代から1960年代にかけて行われた企業の問題行動に関する議論の継承とその発展を展望するものであった。

　1960年代の市民による社会的運動は、アメリカ社会に、社会を構成する各主体というものの存在をとりわけ印象づけることとなったのだが、「企業と社会」あるいは「経営における社会的課題事項」における議論においては、企業の立場からの、この各主体の把握と分析が特に重要視されていくこととなる。企業権力の行使の正当性は社会的責任を果たせるかどうかにかかっており、社会的責任を果たすためには、その対象となる主体（社会構成主体）について正確に把握し、その主体と企業との利害関係において課題とされる問題（課題事項：issue）についての具体的解決が重要となるのである（各種の課題事項の具体的内容は図表-2を参照）。

　社会を構成する各主体の把握と、企業と各主体との間の課題事項の分析は、後にこれらの議論の主流となっていく「企業の社会的責任」（CSR：Corporate Social Responsibility）論から「企業倫理学」と「企業倫理」論——前者は倫理学の応用であり、後者は経営学における企業倫理研究。ともにBusiness Ethicsと表現される——に至る一連の議論においても一貫して重要とされる基礎的な課題として認識されるものである。それは、「企業と社会」あるいは「経営における社会的課題事項」から

図表-3 経営と環境

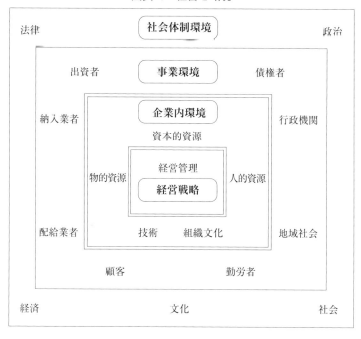

出所：中村瑞穂「企業と社会―関係様式の変遷―」作新学院大学経営学研究グループ（代表：中村瑞穂）著『経営学―企業と経営の理論―』白桃書房、2003年、6ページ。ただし、著者が一部を変更した。

始まる一連の議論が、その初期において、企業と各社会構成主体との間の利害関係を中心とした課題事項の具体的解決という極めて実践的な思考を有していたことに由来するのである。

　現在では、企業と直接あるいは間接に、そして一時的あるいは永続的に、利害関係を有する各社会構成主体は利害関係者（stakeholder）と呼ばれ、対象別に各種に分類されて理解されている。利害関係者とは「企業を取り巻く社会環境を構成する要因のうち、個別企業がその業務活動を介して直接に接触し、相互に影響を与えあう関係にある、事業環境に

位置する具体的な社会的主体」のことであり、「この用語は初め、企業の存在を支える社会的主体は株主（stockholder）ばかりではなく、従業員・顧客・納入業者・金融機関などもまた同様に、経営者がそれらの要求に誠実に対応することを求められる集団であることを意味するものとして、それらの総称として用いられることとなったものであるが、現在ではその包括範囲がさらに拡張され、企業が業務活動のあらゆる側面において直接に接触し、相互に影響を与え合う関係にあるすべての社会的主体を意味するものとして広く用いられるにいたっている」[6]。具体的には、従業員、顧客・消費者、取引先業者、債権者、出資者、地域社会、中央・地方政府などといった存在を指す（図表-3 参照）。

　企業と社会との間に生じる多くの問題や課題は、企業と各利害関係者との間の、主に利害関係を中心とした具体的な問題や課題として存在するのであり、また利害関係者が社会を構成する主体として把握されるからこそ、このような問題を解決することは企業にとっての社会的責任であると把握されることになる。言い換えるならば、企業が果たすべき責任の具体的対象が利害関係者あるいは社会であることから、これらの主体が求めることに応じることこそ企業がその責任を果たす方途であると把握されるのであり、ここでは本質的に倫理的・道徳的正当性が問題とされるわけではない。つまり、このような企業の社会的責任のあり方は、倫理的・道徳的関心から利害関係者の要求に応えるものではなく、あくまでも、利害的関心から利害関係者の要求に応えるものである。したがって、各利害関係者ごとに存在する企業との間の問題や課題をできる限り具体的に把握し、その一つひとつを確実に克服することが重要なのであるが、このような社会的責任の議論を具体的に展開したものとして、1970 年代アメリカにおける CSR 論がある。

第3項　1970年代初頭の「企業の社会的責任」論

1970年代初頭からアメリカにおいて本格的に議論が始まった当時のCSR論は、企業が社会的責任を果たすためには経済的な自己利益を上げ株主価値の向上を図ることのみではなく、より多くの社会構成主体、すなわち利害関係者に対する配慮が必要であるという基本的な認識をもっていた。企業と社会との関係性から企業が果たすべき社会的責任を見い出そうとしたこのCSR論は、まず各種の利害関係者の把握と、企業と社会との間における多様な問題や課題の解決に乗り出したのであるが、その内実はコンプライアンス（現行法令遵守：compliance）と慈善的活動などの社会貢献活動に重点が置かれたものであった。これは、アメリカの経済開発委員会（CED：The Committee for Economic Development）が1971年に公表した政策見解（statement）が『企業の社会的責任』（*Social Responsibilities of Business Corporations*）[7]という主題において、企業が配慮すべき58項目の具体的課題事項を提示したことに象徴されている。この政策見解は、自然環境の保護や消費者の保護、そして雇用の平等などといった課題事項が、アメリカ社会から企業側に向けて要求されているということを深く認識するという視点に立脚したものとなっている。また、この具体的な課題事項に対する各企業の取り組みいかんによって、今後の企業活動全体の賛否を世論から判断されるという、経済界の危機感が反映されたものでもある。経済開発委員会の見解において主張された企業が負うべき社会的責任の具体的内容は、経済成長に関する分野と、教育・雇用・平等といった市民的分野と、都市再開発や自然保護や芸術・文化支援などの社会貢献的分野といった多様な各分野に渡ったものとなっている。それらの具体的内容は以下のようなものであった[8]。

○経済の成長と効率化
・経済の民間部門における生産性の向上

・企業経営の刷新と実績の改善

・競争を高めること

・政府と協力し、より効果的なインフレ対策と雇用促進策を講じること

・経済安定成長のための財政・金融政策を支持すること

・ベトナム後における経済転換を支援すること

○教育

・奨学金、贈与、授業料補助など学校に対する直接的財政支援

・文教予算の増額に対する支援

・器材の寄贈および人材の派遣

・カリキュラム開発への援助

・カウンセリングおよび矯正教育への援助

・新しい型の学校、成人教育学校、新しい学校制度等の設立

・大学の財政面、経営面に対する援助

○雇用および訓練

・恵まれない階層の人びとを積極的に採用すること

・特殊技能訓練、矯正教育、カウンセリング

・婦人労働者の子供のための保育所

・技能・職能開発機会の改善

・オートメ化その他の合理化による離職者の再訓練

・老齢および疾病の不安を解消するための社内計画の確立

・必要かつ適切な範囲で、政府による労災、失業、健康、退職保険制度の拡張を支持すること

○市民権および機会の平等

・少数民族の雇用・昇進機会を確保すること

・訓練の継続その他の特別計画によって、就労の成果においても平

等を期すこと

・黒人教育施設の改善、および人種統合された諸機関における黒人その他の少数民族に対する特別計画を支持し援助すること

・住宅上の人種差別撤廃令の採択を促すこと

・ゲットー地区に工場や営業所を設けること

・少数民族の経営する企業に対する資金上、経営上の援助、および少数民族との合併事業の促進

○都市再開発

・都市および地域再開発計画とその実施においてリーダーシップを発揮し資金的援助を与えること

・低所得者用住宅の建設および改善

・ショッピング・センター、新しいコミュニティ、新しい都市の建設

・交通機関の改善

○公害対策

・最新設備の設置

・環境破壊を最小限にとどめるための新施設の建設

・研究および技術開発

・自治体と協力し共同処理施設を設けること

・環境管理体制の改善をはかるため、連邦、地域、州、地方機関と協力すること

・廃棄物の回収、再利用のための効果的計画を開発すること

○自然保護およびレクリエーション

・樹木などの再補給可能な資源の供給を、高い再生産能力をもつ品種を活用して増大させること

・動物の保護、および森林などの地域の生態学的均衡を維持すること

・国民のためのレクリエーション施設や観光施設の整備

・露天採鉱などによって自然の景観が破壊された地域の修復

・稀少資源保護のため、その産出効率を高め、また再利用をはかる
こと

○文化・芸術

・文化・芸術機関および舞台芸術に対する直接的な資金援助

・現物による寄付、有望な人材への支援、広告などの間接的な援助
を会社の経費で行なうこと

・文化・芸術団体の理事会に参加し、法律、労働、財政上の諸問題
について助言すること

・全米芸術財団および州・地方レベルの芸術協会に対する政府の財
政援助を確保するよう援助すること

○医療保護

・各地域における保険事業の計画に参与すること

・低料金医療計画の策定と実施

・病院、診療所、出張診療サービスの設置および運営

・医療保険の運営改善と効率化

・医学教育、看護婦訓練体制の整備・拡充

・連邦政府による保健体制の改善と強化に対する支援

○政府機関

・すべてのレベルにおける政府機関の行政効率化を支援すること

・政府高官およびその他の公務員の給与体系の適正化を支援するこ
と

・政府機関の機構上の近代化を促進させること

・政府機関の再編成を通じて、問題に対する対応能力と実績を改善
するよう側面から支援すること

・選挙制度および立法過程の改革を支持し主張すること

・行政事務効率化のための計画を立案すること

・社会福祉、警察その他の主要な政府業務の改革を促進すること

この政策見解では、提示された各課題事項の実践は各企業の任意とされていたために、企業の社会的責任として中心的に実践されたことは社会貢献活動であった。しかも、このような実践は企業からみて外的な社会問題に取り組んだものであり、企業と社会との間における多様な問題や課題に対しては過去に起きた事件の再発防止が主であった。つまり、この実践においては社会的な結果責任（社会的問題や課題に対して受動的で結果対応的な責任のあり方）に多くの注意が払われていたといえる。したがって、このような CSR 論では、未知の問題や課題の予測や事前予防には大きな限界があることから、1970 年代中葉より「企業の社会的即応性」（Corporate Social Responsiveness）論が展開され始めた。

第 4 項 「企業の社会的即応性」の概念の登場

1976 年、アッカーマン＝バウアー（Ackerman, R. W. and Bauer, R. A.）は、それまでの「企業と社会」の理論の中核であった従来の CSR 論では、社会的に明示されているような重要な問題や課題には対応可能でも、社会的に明示されていないが同じように重要な社会的結果を生ずる、企業の業務活動における日常的な本来業務上の問題や課題までをも対象とするには十分でないことを指摘し、新たに「企業の社会的即応性」の概念を提示した[9]。「企業の社会的即応性」[10] の概念の要点は、企業の日常の本質的活動（本来的業務）と直接に結びついた対外的・対内的な課題事項への対処を、外的な社会問題への対処に優先させる点である（ただし、このことはいわゆる社会貢献活動を軽視するものでは決してない）。したがって、この概念は、まず憂慮すべき問題や課題は社会問題のように企業の

外にあるのではなく、企業自身の内にあるという点を主張し、企業のもつ強大な社会的影響力と本来的業務との関係に注意を向けたのである。企業からみて外的な問題とは社会問題（貧困問題や経済格差の問題など）であり、対外的な問題とは日常的な本来業務において企業外部との関係で起こる問題（工場などが引き起こす環境汚染問題や製品の安全性の問題など）であり、対内的な問題とは日常的な本来業務において企業内部との関係で起こる問題（職場の環境問題、労働者の人権問題など）である。

　「企業の社会的即応性」の議論においては、企業が最優先に行うべきことは企業内外の課題事項に誠実に対応すること、すなわち各利害関係者に対して即応的に対応することであり、企業が果たすべき社会的責任の内実は、現行法令の遵守である法的責任や慈善的な社会貢献活動に関する責任といった個別具体的な課題事項だけではなく、むしろ各利害関係者との利害関係に対する誠実な対応を基礎とする利害関係者志向という性格を有するものであった。したがって、企業と社会との間における多様な問題や課題に対して、過去に発生した具体的課題事項の累積によってもたらされる情報や経験などを参考としたり、あるいは各利害関係者のそれぞれに該当する価値理念を個別的に適用するなどして、未知の問題や課題の予測にもとづく事前予防と問題発生後の即時適切処置が求められたのである。このような即応的あり方は、社会的な結果責任よりも社会的な過程責任（社会的問題や課題に対する能動的な態度としての、結果に至るまでの過程における事前対応的な責任のあり方）により注意が払われるということである。

　しかし、各利害関係者に対して個別的に対応するという意味においては、「企業の社会的即応性」の議論も従来のCSR論と変わらないのである。そして、従来のCSR論と同じく、ここでも社会的責任の主な範疇として捉えられるものは、本質的に倫理的・道徳的正当性を反映したも

のではなく、やはり利害関係者という社会構成主体との間の利害関係を反映したものなのである。各利害関係者に対して個別的に対応するというあり方は、企業に求められる社会的責任の遂行に対して十分に有効な手法とはいえない。また、利害関係者との利害関係が社会的責任の内実を本質的に規定している以上、倫理的・道徳的価値は社会的責任の内実になりがたい。したがって、より有効な手法は、企業自身を道徳的主体と考え、各利害関係者に対する個別的価値理念ではなく、普遍的倫理規範にもとづいて企業が意思決定を行い、既存のものであろうが将来のものであろうが、いずれにしても課題事項に対して対応するのではなく、あらゆる場面において普遍的に適切な対応をすることが可能な組織を構築することであるという主張を展開することであり、そうすることによって「企業の社会的即応性」の概念やその議論を超えるものと期待されているのが「企業倫理学」および「企業倫理」論である。

第3節 「応用倫理学」の一分野としての「企業倫理学」

　哲学的議論における倫理や道徳といった主題は、紀元前より洋の東西を問わず、文明的発展を遂げた社会において議論されてきたものであるが、特に西洋倫理思想（欧州における倫理学・道徳哲学）は、客観性（あるいは科学性）を求める態度、すなわち不合理な主観的・独断的視点を排する態度を有するが故に、あるいはその主観そのものを積極的に肯定する合理的根拠の基礎づけを求める態度を有するが故に、その思想はおよそ倫理や道徳に関する哲学的議論が有する領野のほぼ全体に及んでいる。西洋倫理思想は、このような学問的優位性と、欧州文明・文化の世界的波及という近・現代史における歴史的経過により、人類史において極めて重要な位置を占めてきているといえるであろう。近年において

倫理学は、複雑な様相を呈する現代社会の諸問題を倫理的に克服するために、すなわち、倫理学的議論の成果を現実の社会において実現するために、「応用倫理学」（Applied Ethics）という分野を発展させてきている。「応用倫理学」として取り組まれる問題は、環境倫理（environmental ethics）、生命倫理（bio ethics）、医療倫理（medical ethics）、企業倫理などといった、近代以前には比較的取り組まれてこなかった現代的課題である。

　「応用倫理学」の各分野の中でも、他の諸分野における諸問題の解決にも関係する本質を有すると考えられるのが「企業倫理学」である。現代企業が抱える多くの社会的な課題事項は、環境破壊の問題や人権を中心とした人間生命に関する問題などを孕んでいるといえる。すなわち、「応用倫理学」の他の分野が担当する、環境倫理や生命倫理などにおける諸問題の解決にも直接的に関与する議論こそ「企業倫理学」なのである。倫理学的議論をもって企業における様々な倫理的問題を克服しようとする「企業倫理学」は、その学問的性格の故に、社会科学の一分野として展開する経営学における「企業倫理」論（企業倫理の具体的実践のための制度化論を中心とする議論）と相互補完的関係にある。

　社会科学として、客観的（科学的）見地から企業・経営の分析に努める経営学における一分野としての「企業倫理」論は、倫理という人間の価値判断に関わる問題を取りあげているにもかかわらず、倫理というものの確たる定義をもち得ていない。倫理とは、ある個人にとっては現行法令を遵守すること、あるいは強制権力に従うこと、すなわちコンプライアンスとして理解・認識され、また別の個人にとっては現行法令の規定する範囲を超えた問題として、自律した個人が主体的に対応するものとして理解・認識される可能性もある。いずれにしても、倫理というものの本質に関する議論は哲学的な倫理学に固有の学問分野であり、「企

業倫理学」も「企業倫理」論も倫理学における倫理に関する本質的な理解を離れて成立することは不可能である。したがって、「企業倫理学」には次の二つの重要な側面があると考えられる。

①実践上において問題となる倫理の確たる定義を経営学における「企業倫理」論に提供すること。ただし、この定義には多様な見解が存在する。

②哲学的知見をもって組織的人格としての企業の経営における倫理的実践の理論化を図ること。

①における主題は、行為の結果を重視する「帰結主義」（Consequentialism）と、倫理的・道徳的判定において行為の動機や過程を重視する「非帰結主義」（Non-Consequentialism）とに大別される、「規範倫理学」（Normative Ethics）における諸理論である「規範倫理学理論」（Normative Ethical Theory）をもとにして、主として自然人としての人間個人の倫理を議論することである。②における主題は、企業（私的な営利組織体）は、自然人である人間個々人の集合と結合による一つの共同体として、法人のように一つの人格として捉えられるという見解にもとづき、この組織的人格が倫理の実践において、自然人の仕方と同じように倫理を実践できるのか、ということに関する議論を展開することである。このような二つの主題に関して、「企業倫理学」は具体的に企業倫理の実現に貢献することが可能であるといえる[11]。

アメリカにおいては、1979 年にアメリカ企業倫理学会（Society for Business Ethics）が設立されている。「企業倫理学」とそれまでの CSR 論や「企業の社会的即応性」論との相違は、企業と各利害関係者との間の具体的な利害関係を中心とした社会的責任の内実を予定するよりも、企業自身を道徳的主体として位置づけ、企業内部における倫理的価値観の重要性を指摘する点にある。すなわち、倫理学的視点からして倫理的

であろうとする、言い換えるならば、物事の本質的な善悪の問題から判断して倫理的であろうとする態度を企業に求める点にある。これは「企業倫理学」が、社会的な結果責任や社会的な過程責任ではなく、（倫理学的知見が示す真理にもとづく）倫理的価値を志向すべきことを企業に求めていることに由来するものである。つまり、個別の事項として、具体的問題や課題事項の把握や予測や事前予防に努めることよりも、本来的に企業自身が倫理的主体として存在することの方が、特定の利害関係者との間の狭い視野に立った利害関係ではなく、究極的な意味における善悪を問題にするという点において、企業に求められている行動の実践により有効なのである。

第4節 「企業倫理」論の発展

第1項 「連邦量刑ガイドライン」の生成

「企業倫理」論は、「連邦量刑ガイドライン」（Federal Sentencing Commission's Guideline）などの影響によって企業に社会的責任や倫理を実現するための具体的な内部制度の構築が求められてきたなかで、個別企業がそのような内部制度を構築するための手法の議論などを軸にして専ら展開されてきた。1987年にアメリカ合衆国下院の司法制度改革のなかで制定されたのが「連邦量刑ガイドライン」であり、これは裁判官の裁量による判決においてその具体的内容が各裁判官の間で一致しない傾向が強く客観性に欠けるという問題点を、量刑の具体的なガイドラインを制定することで解決することを図ったものである。1984年に設立された「連邦量刑委員会」（Federal Sentencing Commission）によって制定される「連邦量刑ガイドライン」が具体的に企業倫理の問題に関係するのは、1991年施行の規定である。この規定では組織的不正行為に関して七項

目の指標が示され、この各項目に対応した組織的制度を企業が十分に設置・設定しているか否かで、企業の引き起こした犯罪に対する罰金額が大幅に変わるのであり、この規定は結果的に、各企業に組織的に不正行為防止のための企業内部制度の構築を促すこことなった。

「連邦量刑ガイドライン」の 1991 年施行の規定の七項目とは以下のものである[12]。

①法令遵守のための一連の基準と手続き

②基準の遵守を監督する上級管理職の任命

③法令を守らぬ懸念のある人物には広い裁量権限を与えない保証

④基準と手続きを周知徹底するシステムの構築

⑤犯罪行為を監視し、監督し、通報するシステムの採用

⑥訓練を通じての基準の徹底的な強制実施

⑦必要な防止策を講じたか否かを含む、違法行為に関する適切な対応の記録

この「連邦量刑ガイドライン」の 1991 年施行の規定から、「企業倫理」論が本格的に展開されていくこととなる。企業倫理とは、企業におけるあらゆる意思決定に対して企業内部で統一された倫理的基準を確実に適用することであり、個別企業が内部に自ら設定した倫理的基準の遵守を、企業の活動全体、すなわち企業の構成員全員に徹底するものであり、倫理的基準の遵守のための企業内部における具体的制度化に議論の焦点がある。

第 2 項　企業倫理の内部制度化を巡る議論

企業倫理実現のための内部制度化の具体的な要件はこれまでさまざまに議論されてきている。

森本はアメリカにおける議論を受けて六つの要件[13]を挙げており、

鈴木はこれに若干の修正を加えている[14]。

①積極面（○○すべき）のみでなく、消極面（××すべきでない）を示すと同時に、可能な限り、到達水準および評価基準を示す倫理綱領ないし行動基準

②権力中枢である社長に極力近い地位ある役員を担当者とする倫理委員会

③特定分野の制度や手続きに関する規程ないしマニュアルを備えた具体的な倫理綱領の策定とその浸透を図る経営教育プログラム

④告発者保護条項によって護られる内部告発

⑤倫理基準に従った、意思決定や行為の倫理監査

⑥以上の事項を積極的に推進しようとする勇気ある経営者の姿勢

中村は次の七つの要件を提示している[15]。ここでは、各項目の具体的内容が明確に示されている。

①倫理綱領または行動憲章の制定・遵守

②倫理教育・訓練体系の設定・実施

③倫理関係相談への即時対応態勢の整備

④問題告発の内部受容と解決保証のための制度制定

⑤企業倫理担当常設機関の配置とそれによる調査・研究、立案、実施、点検・評価の遂行

⑥企業倫理担当専任役員の選任とそれによる関連業務の統括ならびに対外協力の推進

⑦その他、各種有効手段の活用（倫理監査、外部規格機関による認証の取得、等々）

また、法令遵守と適正な業務を確保するための体制の整備について決議することを大会社の取締役会に義務づけた会社法は、その施行規則（100条1項、3項）で次のように内部統制のあり方を規定している。た

だし、⑥については監査役設置会社の場合である[16]。

①取締役の職務の執行に係る情報の保存および管理に関する体制

②損失の危機の管理に関する規程その他の体制

③取締役の職務の効率性の確保が図られるための体制

④使用人の職務の執行が法令および定款に適合することを確保するための体制

⑤株式会社ならびにその親会社および子会社から成る企業集団における業務の適正を確保するための体制

⑥ⅰ監査役がその職務を補助すべき使用人を置くことを求めた場合における当該使用人に関する事項

　ⅱ使用人の取締役からの独立性に関する事項

　ⅲ取締役および使用人が監査役に報告するための体制その他の監査役への報告に関する体制

　ⅳその他監査役の監査が実効的に行われることを確保するための体制

このように内部制度化の要件はこれまでさまざまに議論されてきているが、上述の森本、鈴木、中村などの主張を参考にして、その要点をまとめると次のようである。

①経営者の倫理的態度の表明

②企業倫理綱領または企業行動憲章の制定とその遵守（親会社および子会社から成る企業集団全体に適用）

　＊親会社は子会社に対して企業倫理を実現するための体制の整備について責任をもつ

③倫理教育・法令遵守教育およびそれらの訓練体系の設定・実施

④倫理関係相談・内部通報への即時対応と解決保証のための制度制定

⑤企業倫理担当常設機関（企業倫理委員会および業務執行部門から独立

した企業倫理担当部署）の配置とそれによる調査・研究、立案、実施、点検・評価の遂行

⑥企業倫理担当専任役員の社外取締役・社内取締役からの選任、および企業倫理担当部署への責任者の配置と、それらによる関連業務の統括ならびに対外協力の推進

⑦社会的責任報告書などによる企業倫理関連情報（倫理遵守状況や社会貢献実績、問題発覚時の内部調査結果など）の定期的・適時的な開示と、その情報内容の正確さの保証

⑧発覚した問題の責任の明確化と速やかな問題解決に必要な、情報・記録の適切な保存

⑨その他、各種有効手段の活用（倫理監査、外部規格機関による認証の取得など）

　このうち、内部制度化の基本を成すのは①～③の要件であり、この基本要件をより実効性のある有効なものとするための取り組みが残りの④～⑨の要件である。企業構成員が倫理的基準を遵守するときに、あるいはそれを支援するための具体的な内部制度を構築するときに、その指針となるのが企業倫理綱領（code of ethics）である。企業倫理綱領は、「当該企業の全般的な価値体系を明示し、その目的を明確に規定し、それらの原則に従って意思決定に一定のガイドラインを提供するもの」[17] であり、企業構成員全員に肯定されている倫理的価値を具体的に表明したものである。企業倫理綱領を中心とした、企業倫理を実践するための内部制度化に関する要件は「企業倫理プログラム」とも呼ばれている[18]。

第3項　企業倫理に対する経営者の動機

　1991年の「連邦量刑ガイドライン」規程の施行後、各企業が企業倫理に対して本格的に取り組み始めたが、経営者にとってその動機はいか

なるものであったのか。

経営者が企業倫理に取り組む動機は、ペイン（Paine, L. S.）によれば以下の五つに集約される[19]。

① 「危機管理に関連した理由」（reasons relating to risk management）

② 「組織機能に関連した理由」（reasons relating to organizational functioning）

③ 「市場での地位の確立に関連した理由」（reasons relating to market positioning）

④ 「社会における地位の確立に関連した理由」（reasons relating to civic positioning）

⑤ よりよい方法（a better way）

①は、従業員の不注意による人為的ミスや怠慢、違法行為、あるいは組織的な不正行為を未然に防ぐことを意図し、主に危機管理として企業倫理に取り組むものである。②は、企業として自ら守るべきと考える価値観を、自己を肯定的に認識することをもとにして組織を活性化させるための欠かせない要素として位置づけるものであり[20]、守るべき価値観を企業内部で共有しあうことで、行動的で自律的な組織（dynamic, self-governing organization）を築くことを目指すものであり、よりよい組織を構築するために企業倫理に取り組むものである[21]。③は、市場における競争力の向上やシェアの拡大を目的として企業倫理に取り組むものである[22]。④を動機とする経営者は、企業は社会的責任を果たし、社会において市民としての地位を確立しなければならないと考えるものである[23]。⑤を動機とする経営者にとっては、守るべき価値観の設定、企業倫理への取り組みというものに特に理由など必要ない。このような経営者は、企業倫理への取り組みがもたらす結果に価値を見い出すものではなく、企業倫理への取り組み自体に価値があると考えているものである。ただ

し、このような考えをもつ経営者は例外的な存在である。

　例外的なものである⑤を除いた①～④の動機は、いずれもが企業の現実的な課題や問題と密接に関係している。企業倫理など不要であると考えるものは、このような現実的問題を軽視しているといえる。企業倫理は現実的な問題からその必要性が叫ばれているのであり、もし企業内部に企業倫理を軽視するものがいれば、そのような企業は常に重大なリスクを抱えていることになるのである。企業倫理に対して否定的な見方をとる一部のものを除けば、今や多くの経営者が企業に倫理が不要であるとは考えなくなってきている。そのような経営者は企業倫理をただの飾りや道楽（frill or an indulgence）とはみていない。効果的な経営に不可欠なもの、企業活動のあらゆる側面に影響するものだから着目されるのだと考えている。企業経営における倫理的・道徳的な判断は効率的な事業展開を妨げるものではなく、逆に促進するという見方も高まってきている[24]。

　企業倫理に対する社会的な関心が高まり、経営者がこれに着目しているとしても、しかしながら実際の企業倫理の実践が、客観性を欠いた不明瞭なものであってはならない。したがって、企業倫理を実践するための内部制度化に関する要件である「企業倫理プログラム」にもとづいて組織として全社的に企業倫理に取り組むことが必要である。経営者から個々の従業員に至るまでの全ての企業構成員の指針となるべき規範的基準の策定とその規範的基準の達成を支援する制度の設置・設定をもって企業倫理の内部制度化が実現されるが、ここで問題となるのがこの規範的基準の中身・内実である。この組織を指導すべき規範的基準に関しては大別して二つの見解が存在する。そして、この規範的基準の中身・内実の違いにより、具体的な各種の内部制度の性格が変化する。

第4項　コンプライアンス型とバリュー・シェアリング型のアプローチ

　企業倫理の内部制度化における議論の焦点は、一定の基準・規則を用いることで企業構成員を外的に強制して企業倫理の実現を追及するのか、あるいは企業構成員同士が企業の掲げる倫理的価値観を共有し個々人の自律的自己規制にもとづいて企業倫理の実現を追及するのか、という点にある。すなわち、「企業倫理プログラム」における、前者がコンプライアンス型アプローチであり、後者がバリュー・シェアリング（Value Sharing）型アプローチである。

　資本主義社会における企業の強大な影響力が引き起こす多くの社会的問題に直面した国家と市民は、企業に対して、現実に企業が問題を起こすのを防止する一定の規制と、企業自身による責任ある行動の実現とを求めてきているのであり、現行法令による公的規制や、企業に倫理的な取り組みを促すような社会意識の高揚がそれを示している。コンプライアンスとバリュー・シェアリングは、このような社会的動向のなかで試みられた取り組みにおいて中心的役割を果たしている概念であるといえる。

　このことはアメリカにおける一連の史的展開において見ることができる。

　1960年代から1980年代にかけてのアメリカでは、急増する内部告発、軍需産業の不正の発覚と自己改革、金融機関の破綻、「連邦量刑ガイドライン」の生成などがあり企業における倫理的な取り組みの進展の背景となった[25]のであるが、これらの展開において特徴的なことは、いずれも（特に法的規制は）企業の存続に直接的に関わる重大な問題であるということである。このことは、企業に危機管理への意識を強く認識させる結果となった。特に、「連邦量刑ガイドライン」は「コンプライアンス型企業倫理制度の枠組みを規定するものとなった」[26]。「企業の違法行為、非倫理的行為を未然に防ぐための、危機管理的なニーズが企業倫

理への取り組みを進展させた」[27] のだが、「連邦量刑ガイドライン」は1991 年施行の規定においてコンプライアンスに対する取り組みの具体的な要求事項・諸要件を示したことにより意義深い。したがって、この段階における企業倫理に対する取り組みの主題はコンプライアンス（現行法令遵守）にあったことが分かる。

　その後、90 年代中葉からの新展開として登場したのがバリュー・シェアリング（倫理的価値観の共有）である。それまでの展開によって、大企業を中心にコンプライアンス型の企業倫理の内部制度化は大きく進展してきたものの、「実際の倫理意識の定着を考えると外部からの強制的制度化ではその限界があり、やはり何らかの自発的自主的な取り組みが求められてきたのである」[28]。

　従来通りの危機管理の意識において考えても、危機管理をより徹底させるための方策としてバリュー・シェアリングは非常に有効である。コンプライアンス型の制度化の要点は、企業の構成員に対する強制である。つまり、構成員を制度・システムにただ従わせるだけである。しかし、バリュー・シェアリング型の制度化では、構成員が倫理的価値観を身につける。強制されてではなく、構成員がそもそも人間として倫理的であることの方が、より求められる行動の実践に関して確実である。また、コンプライアンスでは、既存の課題事項に関して対応できても、新しい課題事項に関しては対応できないという問題もある。このような問題に対して対応できるバリュー・シェアリング型の制度化は、特に現代において、利害関係者との協調的・発展的関係の構築に欠かすことができないものである。高度情報化とグローバル化の進展した現代において、企業は多様な価値観をもつ様々な利害関係者と関わっていくことになる。コンプライアンス型のように現行法令の遵守を強制する形での制度化では、各国・各文化ごとに社会的規範や法令の違うなかでの確実な方策と

はいえない。価値観の違う文化のなかでも企業に倫理的行動を担保させるものは、バリュー・シェアリング型の制度化によってもたらされる構成員間で共有された倫理的価値観以外にない。可能な限り普遍的な倫理的価値観を共有し、組織として倫理的な感受性を高め、あらゆる課題事項に即応的に対応できる構成員からなる企業を実現すべきである。

　現行法令遵守を実現するために採用されるアプローチであるコンプライアンス型と、現行法令の範囲を超えるより高い倫理的価値を実現するために採用されるアプローチであるバリュー・シェアリング型とは主にアメリカにおいて研究・実践されてきたものであり、その代表的研究者の一人がペインである。ペインの研究成果では、「企業倫理プログラム」におけるコンプライアンス型とバリュー・シェアリング型との両アプローチの明確な特徴比較がなされている。その特徴比較は、精神的基盤、Code（企業倫理綱領）、目的、リーダーシップ、管理手法、相談窓口、教育方法、裁量範囲、人間観、といった主要な要素を網羅している。したがって、ペインの研究成果は企業経営の実務的内容からいっても非常に多くの有効な示唆を与えているといえる。

　図表-4 は、ペインによるコンプライアンス型とバリュー・シェアリング型との両アプローチの特徴比較をまとめたものである。

　企業構成員各人が私的に個人として有している倫理的徳性だけで企業に倫理的な行動を実現させることには限界がある。また、企業が組織として企業倫理に取り組まなければ、個人の倫理的徳性が本来の業務において発揮される確実な保証はない。企業が組織として企業倫理に取り組んでいない状況において、企業内部に倫理的徳性の高い個人が多く存在すると想定することはあまりに楽観的であろう。組織内部の要因が企業構成員である個人の価値観や判断に決定的な影響を与えるのであり、企業に倫理的な行動をとらせるには、企業が組織として企業倫理に取り

図表-4　コンプライアンス型とバリュー・シェアリング型との特徴比較

	コンプライアンス型	バリュー・シェアリング型
精神的基盤	外部から強制された基準に適合	自ら選定した基準に従った自己規制
Code の特徴	詳細で具体的な禁止条項	抽象度の高い原則、価値観
目的	非合法行為の防止	責任ある行為の実行
リーダーシップ	弁護士が主導	経営者が主導
管理手法	監査と内部統制	責任を伴った権限委譲
相談窓口	内部通報制度（ホットライン）	社内相談窓口（ヘルプライン）
教育方法	座学による受動的研修	ケース・メソッドを含む能動的研修
裁量範囲	個人裁量範囲の縮小	個人裁量範囲内の自由
人間観	物質的な自己利益に導かれる自律的存在	物質的な自己利益だけでなく価値観、理想、同僚にも導かれる社会的存在

出所：梅津光弘「アメリカにおける企業倫理論」中村瑞穂編著『企業倫理と企業統治―国際比較―』文眞堂、2003 年、22 ページ。

組むことが必要であり、企業倫理の内部制度化が不可欠である。この点について、ペインは企業倫理の内部制度化における経営者の役割を重視し[29]、経営者の基本的な責務の一つを「企業の倫理的な基準を設定し、維持し、徹底をはかることだ」[30]と把握し、経営者がこの責務を果たすための方策を「倫理マネジメント戦略」（Strategies for Ethics Management）と規定し、経営者の企業倫理への対応のあり方を戦略的に捉えている[31]。ペインによれば、経営者は「どんな倫理基準や価値観が組織を指導すべきか」「いかにしてそうした基準を組織に浸透させ、常に維持していくか」という問題[32]から、二つの基本的な企業倫理戦略（Corporate Ethics Strategies）の二者択一を迫られることになる。一つは、現行法令遵守を目指す戦略（Compliance-Oriented Strategies）であり、「倫理とは許容される下限」「一連の最低限度の行動基準」[33]であるという考え・信条

にもとづくものである。もう一つは、「誠実さを目指す戦略」（Integrity-Oriented Strategies）であり、「倫理とは、完全には実現できないが、一連の理想的指針あるいは願望的指針」[34] であるという考え・信条にもとづくものである。梅津は前者をコンプライアンス型、後者をバリュー・シェアリング型と呼称し、その内容を規定した。

現行法令遵守を目指す戦略（コンプライアンス型）では、「基本的に倫理とは法律を遵守することだ」「合法的なことは倫理的だ」とされる。したがって、「法律に反する行為を避けることに重点が置かれ、規則や管理や基準を維持するための厳格な統制に依存する」ものであり、主として法務責任者が主体的に主導する[35]。

一方、「誠実さを目指す戦略」（バリュー・シェアリング型）では、「倫理とは単に行為を制限するものというよりはもっと強い意味を持ち、行為の指針となる一連の価値観」であるとされる。したがって、現行法令の遵守は当然であり、倫理は現行法令の想定外の局面においても積極的に道徳的行動を企業にとらせるものとなる。具体的には、企業の構成員全てが倫理的価値観を共有しあうことで実現できる、基準原則に従った自己規制に焦点をあてるものである。また、この倫理戦略では経営者の強い倫理的リーダーシップが期待される[36]。

コンプライアンス型アプローチは、企業犯罪や企業不祥事が社会的な関心を集めた結果、既述において確認したように「連邦量刑ガイドライン」など各種の企業関連法規がアメリカにおいて強化されたことに対応して、企業側が主にリスク・マネジメントの一環として実施してきたという歴史的経緯がある。しかし、これは法に従うことを目的としたもので、本質的に倫理的であろうとする態度を導き出すものではなかった。ペインによればこのようなアプローチは、人間を自己利益の最大化を合理的に目指すものと想定し、個人の選択における道徳的正当性に対し

ては基本的に無関心であるとされる[37]。これは、コンプライアンス型の実践が表面的な制度化のみでその主な取り組みが終了し、内実の伴わない極めて形式的な制度化となる可能性があることを示している。時代の進展とともに、企業に求められる行動の規範は現行法令の遵守から現行法令よりも高い倫理的価値の実践へと変化してきた。それは、立法府における法整備は主に現実の企業の問題行為の露見を受けてから行われる事後対応的なものであって、現行法令遵守の実践だけでは企業を社会に害悪を与えないものにはできないという社会的な意識によるものである。また、企業規模の拡大と企業活動のグローバル化に伴い、社会や地球自然環境に取り返しのつかない悪影響を与えてからの対応では手遅れであるという現実的な課題に直面した結果でもある。したがって、今日、コンプライアンス型アプローチを超えるものと期待されるバリュー・シェアリング型アプローチに注目が集まり、実業界でも先進的企業を中心に実践されている。

第5項　複合型アプローチの論理

　コンプライアンス型アプローチとバリュー・シェアリング型アプローチとの比較について、ペインは「悪い行動を見つけ出して処罰すること（つまり、コンプライアンス型アプローチ：著者）は倫理システムの本来の目的ではなく、せいぜい、必要には違いないがあまり好ましくはないことだ」[38]とし、コンプライアンス型アプローチを否定的なものと把握し、バリュー・シェアリング型アプローチとの関係性を対立的に捉えている。

　しかし、ペインはこの両者を全く無関係とは認識していない。事実、企業倫理への取り組みのあり方の変遷は、コンプライアンス型アプローチからバリュー・シェアリング型アプローチに変化してきているのである。さらに、バリュー・シェアリング型アプローチの目的（現行法令の

範囲以上の倫理性の実現）はコンプライアンス型アプローチの目的（現行
法令遵守）を包摂しているといえる。

　しかし、ペインはコンプライアンス型アプローチの目的をバリュー・
シェアリング型アプローチの目的が包摂していても、コンプライアンス
型アプローチをバリュー・シェアリング型アプローチが包摂していると
は考えない。つまり、目的とアプローチとを区別し、目的は包摂してい
てもアプローチとしては包摂していないとするのである。確かに、現行
法令の遵守は現行法令の範囲以上の倫理性の実現において包摂されてい
るとすることは特に論理的に矛盾はないが、しかし、個人に対する外的
強制のアプローチと個人による自己規制のアプローチとは本質において
相反している。ペインは権限委譲や個人裁量範囲の問題を例に挙げ、コ
ンプライアンス型アプローチとバリュー・シェアリング型アプローチと
が本質的に相反するアプローチであり、前者のアプローチを後者のアプ
ローチが包摂することはないことを示している[39]。すなわち、コンプラ
イアンス型アプローチでは強圧的で厳格な統制のために必要な権限集中
をアプローチの前提とするのに対して、バリュー・シェアリング型アプ
ローチでは権限の積極的な委譲をアプローチの前提としているのである。
両アプローチを同時に実践することは、個人裁量範囲の縮小と拡大とを
同一軸において行うことであり、ここには基本的に論理的な矛盾がある。
したがって、アプローチとしてのコンプライアンス型とアプローチとし
てのバリュー・シェアリング型とは、後者が前者を包摂したり、あるい
は両者を複合的に用いたりすることはできないとされる。

　アプローチとしてのコンプライアンス型を、アプローチとしてのバ
リュー・シェアリング型は包摂しないというペインの主張に対し、本書
は二つのアプローチは複合的に用いることができるものであり、またそ
の必要があることを主張するものである。

ペインは、「その（倫理：著者）プログラムは企業の基本的な価値観の枠組みから出発したものでなくてはならない」[40] としている。つまり、コンプライアンスで例えるならば、現行法令遵守という基本的な価値観の枠組みを前提として内在させている企業ではコンプライアンス型アプローチは成功可能であるが、現行法令遵守という基本的な価値観の枠組みを前提として内在させていない企業ではコンプライアンス型アプローチは成功しないということである。このことは、以下のように整理できるであろう。

①現行法令遵守という基本的な価値観の枠組みがある企業においては、コンプライアンス型アプローチは成功可能である。②現行法令遵守という基本的な価値観の枠組みがない企業においては、コンプライアンス型アプローチは失敗する。③現行法令を超えた倫理的価値を許容する基本的な価値観の枠組みがある企業においては、バリュー・シェアリング型アプローチは成功可能である。④現行法令を超えた倫理的価値を許容する基本的な価値観の枠組みがない企業においては、バリュー・シェアリング型アプローチは失敗する。

この①～④は全て正確のようにみえる。しかし、実際には③は正確ではない。③を正確に表すと次のようになる。すわなち、現行法令を超えた倫理的価値を許容する基本的な価値観の枠組みがある企業においては、バリュー・シェアリング型アプローチとコンプライアンス型アプローチとがともに成功可能である。

前提として、現行法令の範囲以上の倫理性を基本的な価値観の枠組みとして内部にもつ企業、すなわち現行法令を超えた倫理的価値を許容する企業では、バリュー・シェアリング型アプローチもコンプライアンス型アプローチもともに成功するのである。すなわち、現行法令遵守というコンプライアンス型の目的はバリュー・シェアリング型の目的である

現行法令の範囲以上の倫理性の実現に包摂されていると同時に、他方では、現行法令遵守を実現するために個人に対して外的強制のアプローチを実施することと、現行法令の範囲以上の倫理性を実現するために倫理的価値観を共有して個人の自己規制を促すアプローチとは、同時的併用が可能であるということである。具体的には、現行法令遵守に関する事案については個人に対して外的強制が実施され、倫理に関する事案については倫理的価値観の共有にもとづく個人の自己規制が目指されることになる。

したがって、アプローチとしてのコンプライアンス型とアプローチとしてのバリュー・シェアリング型とを複合的に用いる（同時的に併用する）ことは、企業に、基本的な価値観の枠組みとして現行法令を超える倫理的価値を許容する倫理的価値観が存在していれば実現できるということになる。言い換えれば、現行法令の範囲以上の倫理性を基本的な価値観の枠組みとし、バリュー・シェアリング型アプローチを基本とした上で、実践において適時に適切に必要な部分ではコンプライアンス型アプローチも取り入れていくということである。

バリュー・シェアリング型アプローチにおいても権限委譲や個人裁量範囲の拡大などを精査・選別せずに実践することは極めて危険である。必要ならば、コンプライアンス型アプローチのような権限集中や厳格な統制なども用いなければならない。このようにして両アプローチを同時に使い分けることが、企業倫理の内部制度化を実務的に実践する際に最も重要なことである。

バリュー・シェアリング型アプローチでは、権限の積極的な委譲をアプローチの前提としている。ペインの主張に則するならばこの前提は徹底されることとなるので、企業内のあらゆる部分において積極的な権限委譲が行われることとなる。しかし、企業内にはむしろコンプライアン

ス型アプローチのような強圧的で厳格な統制が必要な部分もある。例えば、顧客情報の管理に関しては、個人情報保護の観点から厳格な統制下における管理が必要である。積極的な権限委譲の結果、経営層や上級管理者以外の構成員でも顧客情報などの重要情報の閲覧が容易となった場合、重要情報の閲覧者・入手者の増加に伴う不測の事態として、不注意などの人為的ミスによる情報の漏洩が危惧される。ここで問題となるのは、人為的ミスは、企業構成員各人が倫理的価値観を共有しているか否か、すなわち内面的資質・徳性において倫理的な個人であるかどうかに関係なく起こりうる問題であるということである。企業構成員がこのような問題を引き起こさないためには、バリュー・シェアリング型アプローチであってもコンプライアンス型アプローチのような強圧的で厳格な統制が求められる場合がある。

　もし、バリュー・シェアリング型アプローチの本質に純粋に沿う形で企業内のあらゆる部分において積極的な権限委譲を徹底させる場合には、コンプライアンス型アプローチの本質である厳格な統制にもとづく個人への外的強制という手法が顧みられることは少なくなる。結果として、企業内におけるコンプライアンス型アプローチが必要とされる局面において極めて危険な管理が行われる可能性を否定できないこととなる。反対に、バリュー・シェアリング型アプローチであってもコンプライアンス型アプローチが適切に取り入れられた場合には、そのような可能性が生ずる危険は排除されることとなる。

　企業倫理実現の目的を、現行法令遵守から現行法令の範囲以上の倫理性の実現へと高め、その実践のための具体的方途を個人に対する外的強制から個人の自己規制へと道徳的に深化させたバリュー・シェアリング型アプローチは、抽象的価値に多くの期待を寄せる本質を有するが、このことはコンプライアンス型アプローチにも配慮しなければ曖昧なだけ

で実効性のない内部制度化に終わってしまう危険性を意味する。また、現代法体系は非常に難解なものであると同時に各国各地域ごとに多様であり、抽象的な価値基準にもとづく行動は思わぬ違法行為や不祥事を偶発させる要因となりかねない。したがって、バリュー・シェアリング型アプローチにおいても特定問題については（注意深い対応が迫られるような難解な法令への対処や、ミスの許されない顧客などの個人情報の取り扱いへの対処などにおいては）、コンプライアンス型アプローチで採用されるような外的強制の手法が適切な手段として求められるべきである。つまり、バリュー・シェアリング型アプローチを基本・中心としつつもコンプライアンス型アプローチの手法を適時・適切に取り入れていくことが理想的な企業倫理の内部制度化の姿として見い出されるのである。このような理想的な内部制度化のあり方を複合型アプローチと呼ぶこととする。

　図表-5 は、複合型アプローチの論理を示したものである。

　なお、複合型アプローチの中心であるバリュー・シェアリング型アプローチの要件たる、企業内部において積極的な権限委譲を徹底するというのは、組織をフラット化するということである。すなわち、「フラット化組織」[41] の構築を目指すということである。

　高度情報化とグローバル化の進展した現代、企業を取り巻く環境は変化の激しい状況にあり、このような状況下で企業側に求められているのは、従来よりよく指摘されているように、例えば製造業ならばかつてのような少品種大量生産に適応した組織ではなく、多品種の柔軟な生産に適応した組織の構築であろう。つまり、従来のような高い階層構造と集権的な体質を特徴とするピラミッド型組織から、低い階層構造と分権化が進んでいることを特徴とするフラット化された組織への移行が求められているのである。

図表-5 「企業倫理プログラム」における複合型アプローチの論理

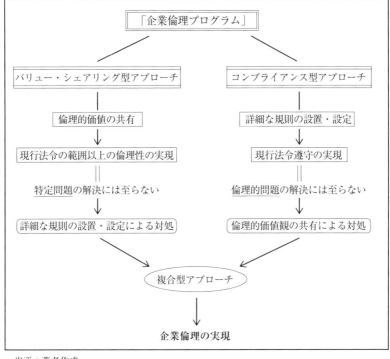

出所：著者作成

　組織の構築において焦点となるのは、階層の高さと権限委譲の程度である。「伝統的なマネジメント・コントロールはピラミッド型組織の『階層性』と『分権』を前提として構築されていたが、このピラミッド型組織が企業環境に対応しきれていないのではないかという議論と、新しい組織の提案が1980年代以降なされて」きて、「フラット化組織」に対する研究が進んできた[42]。

　「フラット化組織」に対する研究は様々な視点から進められ、様々な見解を得ている。「垂直的な階層組織を、水平的ネットワーク組織に置

き換え」ることでより機能的な組織を作り上げ、最終的には「競合他社との戦略的提携を形成する」ことを可能にするといった見解や、「仕事の公式化、意思決定の集中化」されている状態を「課題指向的で、メンバー間のコミュニケーションが自由」で「組織メンバー自身が経営活動に関する意思決定に参加」できる状態へ変化させるものであるという見解等々があり、これらの研究は、ピラミッド型組織から「フラット化組織」に移行することの意義や利点を主張するものである[43]。

　これらの見解の共通点は、「フラット化組織では、従来のピラミッド型組織に比べて、階層が少なく、人々が自らの仕事に自発的にコミットメントしつつ、他部門と協力的な活動を行いながら直面する課題を解決することができるという特徴を持っている」[44] という点にある。

　組織のフラット化には、積極的側面と消極的側面がある。積極的側面とは、フラット化を推し進めようとする側面であり、この側面には「階層性」と「分権」という二つの要素がある。積極的側面における「階層性」の要素とは、階層の高さ（階層の数）を問題とするものであり、つまり、可能な限り階層を低くすることを求めるものである。積極的側面における「分権」の要素とは、職務に対する権限委譲の程度を問題とするものであり、つまり、可能な限り職務拡大（管理以外の仕事の内容の拡大）と職務充実（管理権限の充実）を進めることを求めるものである。一方、消極的側面とは、組織の維持のためにフラット化に反対する側面であり、この側面にも「階層性」と「分権」という二つの要素がある。消極的側面における「階層性」の要素とは、法律上の規定、あるいは組織の必要性に応じて、必要限度の階層構造は維持することを求めるものである。消極的側面における「分権」の要素とは、管理者の管理対象者に対する必要限度の職務統制を求めるものである。

　積極的側面と消極的側面とが同時に満たされている状態は、組織の構

築における主要な要素たる「階層性」と「分権」において、組織のフラット化を正常に行っているといえる。すなわち、積極的側面と消極的側面とを同時に満たすことこそ、組織のフラット化を行う際の重要な条件であり、原則なのである。

第6項　複合型アプローチの諸形態

　企業倫理の内部制度化はその基本要件たる「企業倫理プログラム」をもとに、具体的にはコンプライアンス型アプローチとバリュー・シェアリング型アプローチとに分かれるが、本書では、この両者の複合型の優位性を主張してきた。この複合型アプローチは具体的には次のようなものとなる。

　現実の企業が複合型アプローチを実践する際の経過として、まず想定されるのが、コンプライアンス型からバリュー・シェアリング型へのアプローチの移行型である。これは、「企業倫理プログラム」の具体的展開の経過を二つの段階に大別し、まずは第一段階としてコンプライアンス型アプローチを実施し、ここで現行法令遵守が全社的に十分に徹底された時点で、続いて次の段階としてバリュー・シェアリング型アプローチを実施し、より積極的な倫理的責任を果たそうと試みる、という二段階の形で「企業倫理プログラム」を包括的に捉えるものである。

　コンプライアンス型からバリュー・シェアリング型へのアプローチの移行を「企業倫理プログラム」として一つに包括して捉えることで、両者のアプローチは具体的な形態として複合しているのである。このような捉え方は、まずは現行法令遵守の徹底があり、その上で初めて、より積極的な倫理的責任を果せると考えるものである。しかし、このような複合型アプローチの具体的な形態は、コンプライアンス型アプローチとバリュー・シェアリング型アプローチとが同時期に一企業内において実

施されることを否定するものではない。したがって、複合型アプローチの具体的な形態には別の種類が想定される。それを本書では一企業二制度型と呼ぶ。

一企業二制度型とは、コンプライアンス型アプローチとバリュー・シェアリング型アプローチとが同時期に一企業内において同時に実施されるあり方を表す。このような一企業二制度型の発生にはいくつかの原因が考えられる。本書では次の二つを挙げる。

まず想定されるのは、Ｍ＆Ａに起因するものである。Ｍ＆Ａによって異なる二つの企業が吸収・合併した際に、合併元の企業と合併先の企業とが「企業倫理プログラム」に関して相手と違ったアプローチをしている場合に生じる問題がある。

コンプライアンス型アプローチとバリュー・シェアリング型アプローチとが同時期に一企業内において同時に実施されている企業、あるいは、コンプライアンス型アプローチもしくはバリュー・シェアリング型アプローチのどちらかが単独で実施されている企業、あるいは、「企業倫理プログラム」を実施していない企業の、いずれかが合併元、合併先のそれぞれの企業の状態として考えられる。合併元の企業と合併先の企業との間に、企業倫理に関する具体的実践の成熟度に差がある場合、Ｍ＆Ａによって両企業が一体化しても、合併以前の両企業のそれぞれの枠組みで、それぞれに必要な「企業倫理プログラム」を実施していくことが望ましい。しかし、合併の形態によっては、合併以前の両企業のそれぞれの枠組みで、それぞれに必要な「企業倫理プログラム」の実施が難しいことがある。そのような場合にとるべき対策に普遍的なものはなく、各企業が自らのおかれている状況にあわせて独自に対応するしかないが、しかし、その際に重要となるのは合併元、合併先の両企業間の合併協議に並行して行われるべき、両企業の倫理担当者間の実務協議であ

ろう。合併協議に並行して行われるべき、倫理担当者間の実務協議の主
要な内容は以下のものが考えられる。

- ・両企業間の倫理的価値観の差に関する理解
- ・合併後における倫理的価値観統一の可能性の検討
- ・合併後の「企業倫理プログラム」の検討（企業倫理綱領などの制度・
  システムの統一・分離）
- ・合併後の組織形態と「企業倫理プログラム」との整合性の調整
- ・両企業の経営者による、倫理担当者間の実務協議での合意内容に対
  する承認
- ・各利害関係者への報告（合併以前の企業倫理の堅持あるいは合併後の
  企業倫理推進の意思表明）

　複合型アプローチの具体的な形態として次に想定されるのは、特定問
題の管理に起因するものである。

　バリュー・シェアリング型アプローチであるならば、企業内部におけ
る個人（構成員）の倫理的価値観そのものが高まるので、現行法令遵守
の実現を図るコンプライアンス型アプローチを用いる必要は基本的にな
くなる。しかし、企業内にはむしろコンプライアンス型アプローチのよ
うな強圧的で厳格な統制を用いることが必要とされる部分がある（不注
意などの人為的ミスのように、構成員が倫理的人格を有していようとも起こ
りうる問題。本書ではこのような問題を特定問題と呼んでいる）。バリュー・
シェアリング型アプローチを実施すれば、企業内部の構成員の倫理的価
値観そのものが高まるが、しかし、いかに倫理的価値観が高まっている
としても、それが個人の不注意などの人為的ミスを絶対に防ぐ方法とは
ならない。個人の人為的ミスを防ぐ方法としては、コンプライアンス型
アプローチのような強圧的で厳格な統制を用いる方に確実性がある。

　このように、バリュー・シェアリング型アプローチを基本としながら

も、特定問題に関しては、コンプライアンス型アプローチを用いることが必要となることから、コンプライアンス型アプローチとバリュー・シェアリング型アプローチとが同時期に一企業内において同時に実施されることとなる。そして、先に挙げた複合型アプローチの具体的な形態のいずれもが、この特定問題の管理に起因する複合型アプローチに結実する。特定問題の管理に起因する複合型アプローチこそが、複合型アプローチの最大の意義を有している。

　以上のようなそれぞれの複合型アプローチの具体的な形態については、どれか一つが単独で起こる事象ではなく、複数の事象が重複している事態である。それぞれの事象のあり方や、その重複のあり方は、各企業のおかれている状況により多様であろう。

第5節　立法精神の遵守

　今日のようなグローバルな経済環境の下で多国籍に活動することが迫られている現代企業にとって、自社がもつべきその倫理的価値の具体的内実を定義することは容易ではない。私的な営利組織体として、そして人格の自由を有する法人として、自由に自社の倫理的価値を定義してよいという形式的な事実とその認識は、ただ主観的に利己的であるような価値基準を倫理の自己規定において肯定するものとはならない。多くの社会構成主体が存在する現代社会において活動する以上、各企業にはそれら各主体に対する適切な配慮が可能な倫理的価値観が求められている。しかし、専ら利害関係者として把握されるさまざまな社会構成主体は企業との利害関係からそれぞれに独自の主張をもっており、それら社会構成主体間の利害を調整する基準を見い出すことは容易ではない。また、普遍的な価値の存在と相対的な価値の存在に関する哲学的・倫理学

的議論は容易に結論を導き出せる性格の問題ではなく、したがって究極的な客観的倫理的価値基準が、あらゆる思想・信条にもとづく立場を超えた社会的な合意をもって見い出せないものである以上、企業は自らの倫理を自らの意思によって独自に定義せざるをえない。このような現実的な事態により、各企業は倫理の自己規定においては自身が信ずる究極的な倫理的価値を定義する以外にないのであり、したがって倫理の自己規定はいわば完全な自己責任にもとづくものであるといえる。自身の人格とその意思を普遍的な道徳・倫理的法則に合致させようと努力して永続的な道徳的実践に取り組む企業の真摯な姿勢によってのみ、社会を構成するあらゆる主体は尊敬の念を企業に対して抱けるのである。このような意味での完全な自己責任を前提として初めて、倫理の自己規定は積極的に肯定されるのである。しかし、実際には、自由に倫理を自己規定することは、結果的に快楽主義的（拝金主義ともいわれる利益至上主義的）な行動を導きかねない危険性もまた孕んでいるといえる。現実には、そのような危険性を排除することに一定の役割を果たすものとして、倫理の自己規定に際して企業が参考とすべき価値基準の指針が必要とされる。それは、自由や平等といった価値に代表される近代的な民主的価値（ここでは、民主主義社会において標榜され許容されている価値を意味する。その具体的内実は当然、民主的過程にもとづいてそれぞれの社会で決定されている）を信奉する共同体としての現代市民社会に対応したものでなくてはならない。それは抽象的には民主的価値として把握され、具体的には現行法令における立法精神を中心にして把握される。立法精神とは、現行法令の条文における精神であり、立法府における法案審議の内容やその経緯・経過、あるいはその法制定が求められた社会的な背景に内在する精神のことであり、その具体的内実の様相は民主的価値に対応した詳細なものとなるはずである。立法精神の具体的な把握は、抽象的価値に

多大な期待を寄せるバリュー・シェアリング型アプローチを中心にして内部制度化される企業倫理制度の運用の過程において、その倫理的実践を高度に推進する要因となる。すなわち、現代市民社会の精神的要請である立法精神を把握することは、単なる抽象的な倫理的価値観をただ有することとは異なり、そこには（すなわち立法精神には）すでに特定の問題に対する具体的配慮の要請が内在しているのであるから、現行法令に条文化されている直接的規制内容の遵守はもとより、立法精神の遵守という観点からもさらにその特定の問題に対して自らの倫理的価値観を背景にした特別な配慮を実践しうるのである[45]。このような立法精神の遵守は、抽象的な倫理的価値を実現する具体的方途としての、企業と社会との間の倫理的課題事項（ethical issue）の把握とその解決という、企業にとっての社会的責務の実践を高度に推進しうるものなのである。

　企業における倫理的価値は、立法精神の遵守にも配慮するなどの方法で倫理の具体的実践に有効に対応できるものとして定義されたときに初めて、現代市民社会に容認されることとなる。つまり、企業は現代市民社会に存在するものであるが、このことは現代市民社会に認められることによって企業はその存在を正当化されるということである。そして、その正当性を獲得するための具体的方途の一つとして、現代市民社会の精神的要請である民主的価値に対応した立法精神の遵守がある。現代社会において企業倫理は企業存在の正当性を保障するものであり、その正当性を基礎づける重要な方途として立法精神の遵守がある（図表-6 参照）。

第6節　「企業倫理学」と「企業倫理」論との相互補完性

　以上のようにしてその全体像が確認される「企業倫理」論は、倫理的価値観を企業内部に求める「企業倫理学」の議論と本質的に一体的であ

図表-6 企業倫理の正当性の基礎づけとしての立法精神の遵守

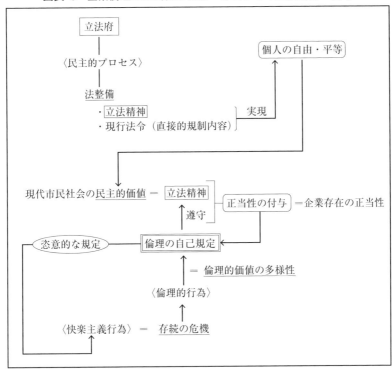

〈立法精神とは？〉
・自由や平等といった近代的な民主的価値を信奉する国家としての現代市民社会に対応した精神的要請（民主的価値を反映）
・社会的な課題に対する解決への意志・精神
・企業倫理の正当性の基礎づけとなる
・現行法令の不備を積極的に解消するものとなる
○具体的には？
・審議会報告の内容
・立法者意思（実務的な法案作成者・法案提出者がその法案に期待・予定しているもの）
・立法府審議の内容
・立法の趣旨として法律の条文中に記された精神（序文としての総則＋用語の定義等々）
・判例の内容
○（現行法令の規定している直接的規制を遵守するという意味での）法律を守るということは、その法律が目的とする社会的な課題の解決のための手段であって、目的自体ではない。目的は、立法精神に示されている

出所：著者作成

る。両者は相互補完的関係にある。つまり、企業構成員全員に許容され
肯定されている倫理的価値をもとにして企業倫理綱領に具体化された倫
理的基準が内部制度の性格を規定するのであり、このことは企業がもつ
べき倫理・規範的基準の内実に関する議論が重要であることを示してい
るが、そのような倫理・規範的基準の議論を専門的に担当する「企業倫
理学」は、「企業倫理」論を補完するのである。そして「企業倫理学」
は、その知見を現実において具体的に結実させるためには企業における
具体的な内部制度化の議論を必要とするのであり、「企業倫理」論によ
る補完を必要としているといえる。

注

1) Buchholz, R. A., *The Essentials of Public Policy for Management*, 2nd ed., Prentice-Hall, 1990, pp.2-3.

2) Carson, R. L., *Silent Spring*, Houghton Mifflin, 1962.（青樹簗一訳『生と死の妙薬―自然均衡の破壊者科学薬品―』新潮社、1964 年）。なお、本書ではこの邦訳書とは異なり、書名を原題により近い『沈黙の春』とする。しかしながら、この邦訳書が示す「生と死の妙薬」という表現は化学物質問題の抱える論点を端的に示したものとして評価できる。つまり、化学物質とは、一方で害虫などから作物を守ることで食料の大量確保に貢献することで飢えに苦しむ貧困層の人々に対する食料の十分な供給を可能ならしめるものの、他方で農薬として乱用されれば生態系を破壊するなどの自然環境破壊をもたらし、また人体にも重大な悪影響を及ぼしかねないのである。このような意味において、まさに化学物質とは「生と死の妙薬」なのである。

3) McGuire, J. W., *Business and Society*, McGraw-Hill, 1964.（中里皓年・井上温通訳『現代産業社会論―ビジネスの行動原理―』東京好学社、1969 年）。

4) Bowen, H. R., *Social Responsibilities of The Businessman,* Harper & Brothers, 1953.（日本経済新聞社訳『ビジネスマンの社会的責任』日本経済新聞社、1959 年）。

5) 中村瑞穂「企業と社会―関係様式の変遷―」作新学院大学経営学研究グループ（代表：中村瑞穂）著『経営学―企業と経営の理論―』白桃書房、2003 年、3-20 ページ参照。

6) 中村瑞穂、前掲書、5 ページ。なお、利害関係者論の代表的文献には次のようなものがある（Freeman, R. E., *Strategic Management: A Stakeholder Approach*, Pitman, 1984. 水村典弘『現代企業とステークホルダー―ステークホルダー型企業モデルの新構想―』文眞堂、2004 年）。

7) Committee for Economic Development, *Social Responsibilities of Business Corporations: A Statement on National Policy by The Research and Policy Committee for Economic Development*, June 1971.（経済同友会編訳『企業の社会的責任』鹿島研究所出版会、1972 年）。なお、経済開発委員会とは、1942 年に設立された、約 200 名の経営者や有識者からなるアメリカの民間の経済団体である。

8) Committee for Economic Development, *ibid*., pp.37-40. 経済同友会編訳、前掲訳書、53-59 ページ。

9) Ackerman, R. W. and Bauer, R. A., *Corporate Social Responsiveness: The Modern Dilemma*, Reston Publishing Company, 1976.

10) この用語は、アメリカ合衆国商務省の報告書『企業と社会：1980 年代への戦略―企業の社会的業績に関する特別委員会報告書』（United States Department of Commerce, *Business and Society: Strategies for the 1980s-Report of the Task Force on Corporate Social Performance*, 1974.）においても使用されていることが、中村により指摘されている（中村瑞穂、前掲書、10 ページ）。

11) 日本における「応用倫理学」の普及は、生命倫理学に対する関心からもたらされたのであるが、今日では自然環境問題や不祥事などの企業問題に対する関心から、他の分野（環境倫理学や「企業倫理学」など）も注目されている。「応用倫理学」に関する文献には次のようなものがある（加藤尚武『応用倫理学入門―正しい合意形成の仕方―』晃洋書房、2001 年）。なお、「企業倫理学」に関する文献には次のようなものがある（田中朋弘・柘植尚則編『叢書 倫理学のフロンティアⅩⅢ　ビジネス倫理学―哲学的アプローチ―』ナカニシヤ出版、2004 年。梅津光弘『ビジネスの倫理学』丸善株式会社、2002 年）。

12) 梅津光弘「アメリカにおける企業倫理論」中村瑞穂編著『企業倫理と企業統治―国際比較―』文眞堂、2003 年、19-20 ページ。

13) 森本三男「企業倫理とその実践体制」『青山国際政経論集』第 25 号、1992 年 10 月、81-86 ページ。

14) 鈴木辰治「日本における企業倫理研究」鈴木辰治・角野信夫編著『叢書 現代経営学⑯　企業倫理の経営学』ミネルヴァ書房、2000 年、96 ページ。

15) 中村瑞穂「企業倫理実現の条件」『明治大学社会科学研究所紀要』第 39 巻第 2 号、2001 年 3 月、97 ページ。

16） 後藤啓二「会社法が求める内部統制に関する取締役会決議」『ビジネス法務』
中央経済社、2006 年 5 月号、65-73 ページ参照。

17） 宮坂純一『企業は倫理的になれるのか』晃洋書房、2003 年、32 ページ。

18） 梅津光弘『ビジネスの倫理学』、136 ページ。

19） Paine, L. S., *Value Shift: Why Companies Must Merge Social and Financial Imperatives to Achieve Superior Performance*, McGraw-Hill, 2003, pp.7-27.（鈴木主税・塩原通緒訳『バリューシフト―企業倫理の新時代―』毎日新聞社、2004 年、28-58 ページ）。

20） Paine, L. S., *ibid.*, p.12. 鈴木主税・塩原通緒訳、前掲訳書、35 ページ。

21） Paine, L. S., *ibid.*, pp.12-13. 鈴木主税・塩原通緒訳、前掲訳書、36 ページ。

22） Paine, L. S., *ibid.*, p.16. 鈴木主税・塩原通緒訳、前掲訳書、41 ページ。

23） Paine, L. S., *ibid.*, p.20. 鈴木主税・塩原通緒訳、前掲訳書、47 ページ。

24） Paine, L. S., *ibid.*, p.27. 鈴木主税・塩原通緒訳、前掲訳書、57-58 ページ。

25） 髙巖『企業倫理のすすめ―ECS2000 と倫理法令遵守の仕組―』麗澤大学出版会、2000 年、26-40 ページ。

26） 梅津光弘「アメリカにおける企業倫理論」、前掲書、20 ページ。

27） 松野弘・野村千佳子「企業倫理と企業の社会的責任の位置」『企業診断』2003 年 11 月号、同友館、86-93 ページ。

28） 梅津光弘「アメリカにおける企業倫理論」、前掲書、21 ページ。

29） Paine, L. S., *Cases in Leadership, Ethics, and Organizational Integrity: A Strategic Perspective*, McGraw-Hill, 1997, p.89.（梅津光弘・柴柳英二訳『ハーバードのケースで学ぶ　企業倫理―組織の誠実さを求めて』慶応義塾大学出版会、1999 年、77 ページ）。

30） Paine, L. S., *Cases in Leadership, Ethics, and Organizational Integrity: A Strategic Perspective*, p.89. 梅津光弘・柴柳英二訳、前掲訳書、77 ページ。ただし、これはペインの文章ではなく次のものである（Denham, R. E.,"Remarks Before the 20th Annual Securities Regulation Institute", Coronado, CA, January 21, 1993.　＊これは公刊されていない手稿である）。

31） Paine, L. S., *Cases in Leadership, Ethics, and Organizational Integrity: A Strategic Perspective*, pp.91-105. 梅津光弘・柴柳英二訳、前掲訳書、79-93 ページ。

32） Paine, L. S., *Cases in Leadership, Ethics, and Organizational Integrity: A Strategic Perspective*, p.91. 梅津光弘・柴柳英二訳、前掲訳書、79 ページ。

33） Paine, L. S., *Cases in Leadership, Ethics, and Organizational Integrity: A Strategic Perspective*, pp.91-97. 梅津光弘・柴柳英二訳、前掲訳書、78-85 ページ。

34）　Paine, L. S., *Cases in Leadership, Ethics, and Organizational Integrity: A Strategic Perspective*, pp.91-105. 梅津光弘・柴柳英二訳、前掲訳書、78-93 ページ。

35）　Paine, L. S., *Cases in Leadership, Ethics, and Organizational Integrity: A Strategic Perspective*, p.91. 梅津光弘・柴柳英二訳、前掲訳書、79 ページ。

36）　Paine, L. S., *Cases in Leadership, Ethics, and Organizational Integrity: A Strategic Perspective*, p.93. 梅津光弘・柴柳英二訳、前掲訳書、81 ページ。

37）　Paine, L. S., "Managing for Organizational Integrity", *Harvard Business Review*, Harvard Business School Press, March-April, 1994, p.110.

38）　Paine, L. S., *Cases in Leadership, Ethics, and Organizational Integrity: A Strategic Perspective*, p.93. 梅津光弘・柴柳英二訳、前掲訳書、81 ページ。

39）　Paine, L. S., *Cases in Leadership, Ethics, and Organizational Integrity: A Strategic Perspective*, pp.96-97. 梅津光弘・柴柳英二訳、前掲訳書、84-85 ページ。

40）　Paine, L. S., *Cases in Leadership, Ethics, and Organizational Integrity: A Strategic Perspective*, p.97. 梅津光弘・柴柳英二訳、前掲訳書、85 ページ。

41）　横田絵理『フラット化組織の管理と心理―変化の時代のマネジメント・コントロール―』慶應義塾大学出版会、1998 年、20 ページ。

42）　横田絵理、前掲書、20-27 ページ。

43）　横田絵理、前掲書、21 ページ。

44）　横田絵理、前掲書、28 ページ。

45）　立法精神の遵守という発想の根底には、「衡平」（equity）の理念がある。「衡平」とは、古くは古代ギリシャの哲学者たちの議論にまで遡ることができる理念であり、人民が民主的に直接・間接に定めた法律の厳格な適用を回避し、成文法（実定法）たる法律に対して先行する自然法（具体的内実は人権や人間性）などに対する格別の配慮のための、法律を越えた倫理的価値や道徳的価値の実現を示唆するものである。具体的には、法律の適用において、条文上の文言ではなく、そこに込められた精神に最大限の配慮を示すことである。法律は常に現実の問題に事後対応的であり、しかも全ての具体的事例を想定した完全・完璧なものとなることはない。さらに、法律のもつ一般性は、法律の適用に際して個別的事例の除外を認めないものであるが、それは時として法律の厳格な適用が倫理や道徳に反する事態を発生させることを意味する。このような問題に対応した理念として「衡平」は議論されてきたのである。

第2章

「現代 CSR」論

第1節　「現代 CSR」の論理

　アメリカにおける企業の社会的責任や企業倫理に関する一連の議論の展開は、その理論的貢献をもって、今日の企業の社会的責任や企業倫理に関する議論・実践をもたらしている。今日みられるこれらの議論・実践を本書では「現代 CSR」論・「現代 CSR」として捉える。「現代 CSR」とは、企業を社会的責任に対応した即応的態度と倫理的思考を有するべきものとして捉え、それらの具体的実現のために必要な要件について制度的対応が可能な存在となることを企業側に求める（企業内部および企業外部における）動きである。このような「現代 CSR」の基本姿勢は、社会的な結果責任・社会的な過程責任・倫理的価値観とその内部制度化といった、アメリカを中心とした過去の一連の議論にもとづく主要な要件を反映させたものである（図表-7 参照）。

第2節　「現代 CSR」の制度化

　以上のようにして確認される「現代 CSR」の論理から見い出せるものは、企業の社会的責任や企業倫理の実践に対するさまざまの分析視点とそれにもとづく制度化のあり方である。それは、企業が社会的責任

図表-7 「現代CSR」の論理

(1970年代初頭から本格化) 「企業の社会的責任」論	+	(1970年代中葉〜) 「企業の社会的即応性」論	+	(応用倫理学) 「企業倫理学」論 および 「企業倫理」論	=	(1980年代〜) 「現代CSR」論
社会的責任に対応		即応的対応		倫理的対応		制度的対応
・法的責任と社会貢献		・利害関係者志向 （互恵理念）		・善悪の価値志向 （倫理学的真理）		・倫理的内省の内部制度化 （企業倫理制度の設置・設定）、 ・企業倫理関連の社会的制度の整備 （公的規制や経済団体などによる自主規制）
・問題や課題事項に対応		・問題や課題事項の予知		・規範倫理学の応用		
・社会的な結果責任 （受動的：結果対応）		・社会的な過程責任 （能動的：事前予防）		・結果主義と過程主義 （帰結主義と非帰結主義）		

○「現代CSR」＝企業を社会的責任に対応した即応的態度と倫理的思考を有するべきものとして捉え、それらの具体的実現のために必要な要件について制度的対応が可能な存在となることを企業側に求める（企業内部および企業外部における）動き

出所：著者作成

や企業倫理の観点から考慮・配慮しなければならない対象を、法的責任（法律の視点）にもとづくものとするのか、利害関係者との利害関係（利害関係者の視点）にもとづくものとするのか、あるいは、善悪の価値判断（道徳・倫理の視点）にもとづくものとするのかということである。それぞれの分析視点からは、特定の課題事項が導き出され、この課題事項群を顕在化させないために、内部制度化のための要件にもとづく各種の内部制度が設置・設定されるのである。この内部制度の中核に位置づけられるべきものは、企業の社会的責任や企業倫理に関する企業の取り組みやその実績を客観的に評価する基準を反映した企業倫理綱領である。この企業倫理綱領に内在する評価基準は、上述の三つの視点（法律の視点、利害関係者の視点、道徳・倫理の視点）にもとづいて、現行法令遵守、互恵理念、倫理学的真理となる。したがって、純粋な理論的見地に立った場合、この内部制度はそれぞれの評価基準に対応して次の三つの制度のいずれかに具現化される。すなわち、現行法令遵守対応制度、利害関係者対応制度、道徳・倫理対応制度（倫理学的真理にもとづく内省の制度化）である。「現代 CSR」の論理にもとづく制度化は、この論理が過去の一連の議論やそこから導き出された概念の総合という側面をもつことからして、上述の三つの制度を総合化したものとして把握される。すなわち、「現代 CSR」の制度化では、現行法令遵守、互恵理念、倫理学的真理という三つの規範を並立・並存させて組み合わせた基準を中核にして、内部制度化が展開されるのである（図表-8 参照）。

　このようにして確認される「現代 CSR」の制度化は、「現代 CSR」の実践における課題を孕んでいる。それは企業倫理の内部制度化との比較により明らかとなる。

　「現代 CSR」の制度化と企業倫理の内部制度化（ここではコンプライアンス型ではなく、バリュー・シェアリング型を想定する）とは本質的に異な

図表-8 「現代 CSR」の制度化の論理

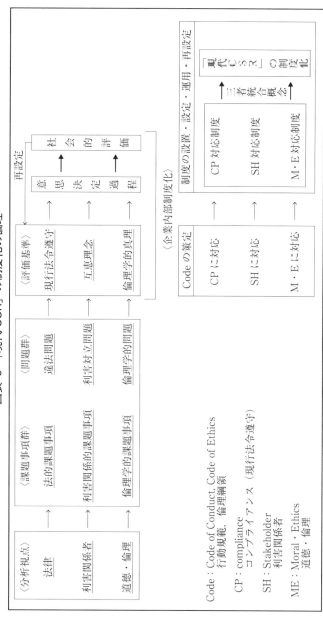

出所：著者作成

る部分がある。前者では、現行法令遵守、互恵理念、倫理学的真理という三つの規範を並立・並存させて組み合わせた基準を中核にして内部制度化が展開されるのに対して、後者では、規範とすべき基準は倫理学的真理だけでありこれにもとづいて内部制度化が展開される。後者は相互補完関係にある「企業倫理学」と「企業倫理」論にのみもとづくものであり、倫理学的真理だけが規範的基準として主張される。

　「現代CSR」の制度化においては倫理学的真理が現行法令遵守や互恵理念と並んで規範的基準の一つとして位置づけられているが、これは本来、道徳的主体としての企業が、物事の客観的な意味での善悪の基準としての倫理学的真理を基礎にして、さらに具体的に法的責任や利害関係者との利害関係にアプローチするためのものとして、倫理学的真理以外にも現行法令遵守や互恵理念を規範的基準に加えているのであって、あくまでも倫理学的真理こそが規範的基準の中心に位置づけられるべきものである。この点に、従来のCSR論から「企業の社会的即応性」論、「企業倫理学」・「企業倫理」論（企業倫理の内部制度化）に至る一連の議論の経緯を踏まえた上での「現代CSR」の論理とその制度化ということの意味がある。そもそも、従来のCSR論から「企業の社会的即応性」論に至る展開においては、利害関係者の確定や社会的な課題事項の把握や予測といった実証主義的アプローチが基本であった[1]のに対し、「企業倫理学」・「企業倫理」論（企業倫理の内部制度化）に至る議論の展開においては、特に哲学的・倫理学的見解である客観的な善悪の基準にもとづくアプローチに重点が置かれていた[2]という、基本的手法の一部転換があった。しかし、今日の「現代CSR」論においては、両アプローチのそれぞれの特性を備えた手法が求められているのであり、倫理学的真理を中心に現行法令遵守や互恵理念を規範的基準に組み合わせるという手法は、規範的基準のなかに、客観的な善悪の基準にもとづくアプローチの側面（倫

理学的真理）と実証主義的側面（現行法令遵守・互恵理念）とを組み合わせ
たものとしての意義がある[3]。したがって、「現代CSR」の実践において
は、本来、現行法令遵守、互恵理念、倫理学的真理という三つの規範的
基準の相対的な位置づけは個別企業が自由に設定するべきものではない。

　しかし、「現代CSR」の実践において、従来のCSR論から「企業の
社会的即応性」論、「企業倫理学」・「企業倫理」論（企業倫理の内部制度
化）に至る一連の議論の経緯を踏まえた上での（つまり、「現代CSR」の
論理を踏まえた上での）制度化を企業側に期待できない場合、倫理学的
真理の占める位置が実際には低下する可能性がある。それは、現行法令
遵守、互恵理念、倫理学的真理の三つの基準を恣意的に都合よく使い分
けるという企業側の対応可能性を否定できないということである。

第3節　「現代CSR」を巡る議論

　本書では「現代CSR」論を、企業の社会的責任や企業倫理に関する
過去の一連の議論を総合化したものとして提示しているが、先行研究に
みられる同様の構想としては、エプスタイン（Epstein, E. M.）の「経営
社会政策過程」（Corporate Social Policy Process）論がある[4]。エプスタイ
ンは企業と社会との関係を直接・間接に媒介する多様な概念としての各
種の手法・手段を「経営社会政策過程」として把握しているが、これは
従来のCSR論、「企業の社会的即応性」論、「企業倫理学」・「企業倫理」
論の各議論を総合化したものとして理解される。エプスタインは、企業
が社会との間の多様な利害関係を調整し、社会の多様な価値を反映した
社会的責任を果たすためには、即応的態度とそれを実現するための内部
制度化が必要であるとし、さらに価値思考という倫理的態度を企業に求
めるのである（図表-9参照）。

第2章 「現代 CSR」論　71

**図表-9　経営社会政策過程に対する企業倫理・経営社会責任・
　　　　経営社会即応性の貢献**

企業倫理
企業の意思決定者による個人的・組織的行為の道徳的意義に関する価値観に基づく内省および選択。この内省と選択は企業組織とその指導者たちの直面する重要な課題事項ならびに諸問題によって生じ、それらに関わるものである。

＋

経営社会政策過程
個人および企業の行為の道徳的意義に関する、価値観に基づく個人的および組織的な内省ならびに選択を促進する諸過程を企業内部において制度化すること。それらの行為の予想される全般的な結果に関する個人的および集団的な検討は、それによって、企業組織の政策ならびに行動の成果（特定の課題事項または問題に関連する諸結果）に関する内部および外部の利害関係者の要求ならびに期待の急激な高まりに対して、企業の指導者たちが組織的枠組の内部で個人的にも組織的にも、それを予知し、それに対応し、それを管理することを可能ならしめる。

＝

経営社会責任
企業組織の政策ならびに行動が内部および外部の利害関係者に対しておよぼす各種の結果に関連する、特定課題事項および諸問題、さらに企業組織とその指導者に対する期待と要求などについての明確な認識。焦点は企業活動の成果に置かれる。

＋

経営社会即応性
内部および外部の利害関係者の多様な要求および期待から生ずる各種の課題事項ならびに諸問題を予知し、それに即応し、それを管理することに関する企業の能力を決定し・具体化し・評価する個人的ならびに組織的な諸過程の展開。

出所：Epstein, E. M.,"The Corporate Social Policy Process: Beyond Business Ethics, Corporate Social Responsibility, and Corporate Social Responsiveness", California Management Review, Vol.29, No.3, Spring 1987, p.107.（「経営社会政策過程―企業倫理・経営社会責任・経営社会即応性を超えて―」中村瑞穂・風間信隆・角野信夫・出見世信之・梅津光弘訳『企業倫理と経営社会政策過程』文眞堂、1996年、13ページ）。

　エプスタインは「企業倫理」（Business Ethics）を「企業の意思決定者による個人的・組織的行為の道徳的意義に関する価値観に基づく内省および選択」であり「この内省と選択は企業組織とその指導者たちの直面

する重要な課題事項ならびに諸問題によって生じ、それらに関わるものである」とし、「経営社会責任」（Corporate Social Responsibility）を「企業組織の政策ならびに行動が内部および外部の利害関係者に対しておよぼす各種の結果に関連する、特定課題事項および諸問題、さらに企業組織とその指導者に対する期待と要求などについての明確な認識」であり「焦点は企業活動の成果に置かれる」ものであるとし、「経営社会即応性」（Corporate Social Responsiveness）を「内部および外部の利害関係者の多様な要求および期待から生ずる各種の課題事項ならびに諸問題を予知し、それに即応し、それを管理することに関する企業の能力を決定し・具体化し・評価する個人的ならびに組織的な諸過程の展開」であるとする。そして、この三者を統合した概念として「経営社会政策過程」という概念を提示する。「経営社会政策過程」とは、「個人および企業の行為の道徳的意義に関する、価値観に基づく個人的および組織的な内省ならびに選択を促進する諸過程を企業内部において制度化すること」であり、「それらの行為の予想される全般的な結果に関する個人的および集団的な検討は、それによって、企業組織の政策ならびに行動の成果（特定の課題事項または問題に関連する諸結果）に関する内部および外部の利害関係者の要求ならびに期待の急激な高まりに対して、企業の指導者たちが組織的枠組の内部で個人的にも組織的にも、それを予知し、それに対応し、それを管理することを可能ならしめる」ものであるとする[5]。

　また、従来のCSR論から「企業の社会的即応性」論、そして「企業倫理学」・「企業倫理」論へと至る一連の議論の経緯は、代表的先行研究としてはフレデリック（Frederick, W. C.）の研究において把握されている[6]。フレデリックは、従来のCSR論の段階を「CSR1」（Corporate Social Responsibility）、「企業の社会的即応性」論の段階を「CSR2」（Corporate Social Responsiveness）、「企業倫理学」・「企業倫理」論の段階を「CSR3」

（Corporate Social Rectitude：企業の社会的道義）として示し、この一連の企業の社会的責任に関する議論の展開を発展的過程（理論的高度化の過程：CSR1 → CSR2 → CSR3）として把握する。

　フレデリックはさらに「CSR3」を超える新たなる段階として「CSR4」（Cosmos：宇宙、Science：科学、Religion：宗教）を構想する[7]。これは、経営学的な CSR 論に対する問題意識にもとづくものである。経営学的な CSR 論には、「企業と社会」という二項対立的な関係性にもとづく議論では社会の中にある企業という視点を見失いかねない、といった問題点があり、しかもこのような CSR 論においては、本来は社会の側から企業を制御する発想であるべき議論が現実には企業・経営者の視点からの社会の制御という形（企業中心主義）に陥る危険性がある。さらに文化的多様性の擁護論を背景にした相対主義的思考が浸透している現代においては、企業を指導する原理である規範的基準としての倫理がその根拠に重大な問題を抱えているという問題もある。「CSR4」における「宇宙」は「企業と社会」という二項対立的発想の転換をもたらす基本的な視点を供給するものであり、「科学」は自然主義的世界観にもとづいて企業と社会との相互的関係における諸現象を自然科学的議論によって理解し、その知見に学ぶものであり、「宗教」は超自然的な対象・超越的な対象としての宇宙や神という概念に対する人間の信仰を人間の意義や目的などを見い出すことに資するものであると積極的に解釈し、信じるという意識の重要性を経営者と利害関係者との関係性の理解において強調するものである。このような「CSR4」の議論は、経営学的な CSR 論がもつ問題点に対して非常に重要な意義が含まれているものの、しかしながら「宇宙」、「科学」、「宗教」という展望は、いささかの唐突感と違和感を覚えるものでもある。

　私見ながら、「CSR4」が示す「宇宙」、「科学」、「宗教」という概念に

学ぶためにはその前提として、「目的論」[8]（teleology：自然、事物、事象、物事などがある目的のためにあるかのように捉え、例えば人間の普遍的目的の設定を肯定するような議論）や「理神論」[9]（deism：創造者である神から与えられる啓示・予言や奇跡を否定するが、世界を用意した存在としては認めるような議論）といった、西洋文明における伝統的な議論を理解することが必要となるように思われる。しかしながら、このような議論の是非は現代においては容易に判断を下せるものではなく、この種の議論と（直接的ではなくとも）少なからず（間接的には）関係すると思われる「CSR4」の解釈には非常に多くの課題があるだろう。

　企業の社会的責任から企業倫理への議論の発展過程に関して、ブルマー（Brummer, J. J.）は社会的責任論を四つに分類することにより、その発展を四つの段階に区分した。

　ブルマーは企業の問題に関して社会的責任論を発展段階に応じて以下の四つに分類した[10]。

　①「古典的理論」（Classical Theory）

　②「利害関係者論」（Stakeholder Theory）

　③「社会的緊要性論」（Social Demandingness Theory）

　④「社会的運動家理論」（Social Activist Theory）

　角野によれば①は、「主として伝統的な経済学・法学で採用されている見解で自由企業体制・私有財産制度の下では、経営者は利潤最大化をめざし所有者である株主に対し責任を負うべきである」とするもので「その責任の内容を財とサービスの効率的な生産という経済機能の遂行に限定する最も狭い範囲の社会的責任論である」[11]。

　②は、「株主だけでなくその他の従業員・消費者・信用供与者・原材料提供者・政府・地域住民等にも会社は責任を負うと考える」もので「会社と明確な契約関係をもつか会社の意思決定によって直接的な影響

を受ける人々をステイクホルダーと考える」ものである[12]。

　③は、「経営者の意思決定に直接的に影響を受ける人々だけでなく、間接的に影響を受ける公衆あるいは社会といった一層広範なステイクホルダーにも経営者は社会的責任を負うと考える」ものである[13]。

　④は、「広範で多様なステイクホルダーへの社会的責任を予定するよりも、道徳・倫理といった規範的価値観をベースにした考え方」で「経営意思決定過程に具体的な倫理基準を設け社会的責任の実現をめざすべきとする」ものである[14]。

　以上の四つの分類において特徴的なことは、企業が意思決定をするにあたって利害関係を考慮しなければならない対象を①と②が一部の利害関係者に限定しているのに対し、③と④は社会全体を対象としていることにある。そして、③と④との関係においては、③が社会からの要請に応えることを基本としているのに対して④は企業が自ら社会に対して行動することを基本としているという違いがある。

　①のような古典的な社会的責任論の段階ではみられなかった、社会的責任への具体的な取り組みの手法が②の段階では登場する。すなわち、社会的責任論において企業に課せられた課題を明確化し、この課題を積み上げていくことで過去に存在した社会的問題を二度と起こさないという、企業側の取り組みの手法である。この手法は、結果にもとづいた事後対応的なもので、企業に課せられるべき既存の課題を累積していくものである。しかしながら、このような手法は既存の課題には対応できても、将来に起こりうる問題に対してはあまり有効な手法とはいえない。そこで、次の発展段階である③の段階において、「企業の社会的即応性」の概念が登場する。③の段階において「企業の社会的責任」は結果責任だけではなく、過程責任も要求されることになる。すなわち、企業が起こしうる倫理的問題の事前予防、問題発生後の即時適切処置を主張する

「企業の社会的即応性」の概念が登場したことで、既存の課題の累積だけではなく、未知の将来の課題に対しても予測的に対応することが求められるのである。将来の課題に対しても予測的に対応するということは、企業側に価値理念を求めることである。

つまり、各利害関係者の利害に関わる企業の意思決定にあたっては、それぞれに該当する価値理念を個別的に適用することである。既存の課題にとらわれることなく、企業と各利害関係者との関係において問題となるものに対して、企業側が価値観をもって予測的に対応することを図るのである。

しかし、各利害関係者に対して個別的に対応するという意味においては、③の段階は②の段階と変化はない。各利害関係者に対して個別的に対応するというあり方は、企業に求められる社会的責任の遂行に対して十分に有効な手法とはいえない。より有効な手法は、企業自身を道徳的主体と考え、各利害関係者に対する個別的価値理念ではなく、普遍的倫理規範にもとづいて企業が意思決定を行い、既存のものであろうが将来のものであろうが、いずれにしても課題事項に対して対応するのではなく、あらゆる場面においても普遍的に適切な対応をすることが可能な組織を構築することである。このようにして③の段階における限界を超える手法を主張するのが④の発展段階である。

④の発展段階に至って、企業の社会的責任に関する議論は「企業の社会的即応性」の概念を内実にしつつより現実的・具体的な効用が求められて、結果的に「企業倫理」に関する議論へと発展するのである。

第4節 「現代CSR」論における「企業倫理学」の位置

このようにさまざまに表現され定義されている「現代CSR」論と、

これに至るまでの過去の一連の議論であるが、ここで確認しなければならないのは、これらの議論における「企業倫理学」の位置をいかに解釈するかである。言い換えるならば、究極的な意味において物事の本質的な善悪を問題とする議論（すなわち、企業内部における倫理学的議論、倫理的内省の過程・機構）が、「現代CSR」の実践（すなわち、現実の企業の社会的責任の実践）においていかに位置づけられるべきであるかということである。

　キャロル (Carroll, A. B.) は企業の社会的責任のあり方をピラミッド型に図示して説明している[15]。すなわち、「経済的責任」(economic responsibilities：利潤を創出せよ)、「法的責任」(legal responsibilities：法令を遵守せよ)、「倫理的責任」(ethical responsibilities：倫理的であれ)、「社会貢献責任」(philanthropic responsibilities：よき企業市民であれ) という四段階の「『企業の社会的責任』のピラミッド」(the pyramid of corporate social responsibility) として表現する（図表-10参照）。このキャロルの研究の真意は、社会的

図表-10　「企業の社会的責任」のピラミッド

出所：Carroll, A. B. and Buchholtz, A. K., *Business and Society: Ethics and Stakeholder Management*, 5th ed., South-Western, 2003, p.40.

責任を果たす企業は、利益を上げると同時に、現行法令を遵守し、倫理的価値観を有し、適切な社会貢献を実施するものである、ということにあるが、このキャロルの研究の真意をより深く理解するならば次のようになろう。すなわち、倫理的価値観があるから現行法令を遵守でき、倫理的価値観があるから現行法令の範囲外の問題にも適切に対処でき、倫理的価値観があるから適切な社会貢献を実施できるのであり、そして、これらのことにもとづく限り経済的な利益は堂々と追求できるのである。つまり、企業が果たすべき社会的責任の全ての根底には倫理的価値観が必要なのであり、このことは同時に、いかなる倫理的価値観をもつかによって個別企業の社会的責任に対する具体的対応の一切が規定されるということである。例えば、倫理とは現行法令遵守のことであると定義した企業、すなわち現行法令さえ守ればあとは何をやってもよいと考える企業では、現行法令の範囲外の問題には無関心であろうし、法人税を払っているのだから特段の社会貢献をする必要はないと考えるかもしれない。このように、倫理をいかに定義するかにより、企業の社会的責任の果たし方は規定されてしまうのである。

　高田および中村による企業の社会的責任と企業倫理に関する研究は、「企業倫理学」の位置づけを明確にするものである。

　高田は、エプスタイン、フレデリック、キャロルなどの研究から企業の社会的責任と企業倫理に関する議論を解釈し、企業倫理に関する議論が企業の社会的責任に関する議論のなかで重要な位置を占めている点を指摘し、前者の議論が後者の議論を補完し再構成すると考える[16]。高田はこの三人の主張に対する詳細な検討と批判を経て、「企業と社会」に関する各種の議論の主要な論点を「私見総括」として提示している[17]。それは次のようである。

　(1) 経営倫理論は社会的責任論に内在する。

経営倫理論は社会的責任論の根本的に重要な構成部分となる。両者は別個独立に併存するものではない。

(2) 経営倫理論は社会的責任論を再構成する。

経営倫理論は価値前提論・道徳基準論によって社会的責任論を再構成する。

(3) 経営倫理論は社会的責任実行論を規制する。

経営倫理論により設定された価値前提・道徳基準は社会的責任実行論（社会的反応論）を貫く。

(4) 社会的責任論は社会的責任実行論を含む。

社会的責任実行論（社会的反応論）も社会的責任論の構成部分となる。両者は別個独立に並存するものではない。

(5) 社会的責任論は社会的活動論の実体である。

上記のように、社会的責任論は、経営倫理論によって自己を再構成し、さらに、経営倫理論によって規制された社会的責任実行論（社会的反応論）を含むことによって、体系と内容において完成する。このような社会的責任論は経営者の包括的な社会的責任活動論である。これは、「会社の社会的活動」論や「会社の社会的ポリシー過程」論の実体を成す。

なお、高田の用語としての経営倫理論は専ら本書でいうところの「企業倫理学」のことを指し、社会的責任実行論（社会的反応論）は「企業の社会的即応性」論のことを指し、「会社の社会的活動」論（社会的活動論）はいわゆる「企業の社会的業績」（corporate social performance）論のことを指し、「会社の社会的ポリシー過程」論はエプスタインの「経営社会政策過程」論のことを指すものである。

さらに高田は、これらのうち「とくに、経営倫理論と社会的責任論の関連に注目して、その関係を表現」している。それは、「経営倫理論は

社会的責任論の不可欠の構成要素となり、価値前提論・道徳基準論によって社会的責任論全体を再構成する」ということである。

　高田は、アメリカにおいて 1970 年代に本格化した（当時の経済開発委員会の政策見解に代表される）従来の CSR 論を実践と倫理との二側面からみて不十分なものであると認識し、前者についてはより有効な実践的手法論をもって「企業の社会的即応性」論が、後者については価値前提論・道徳基準論をもって「企業倫理学」が補完するものであるという基本的視座を上述の三人の見解から総合的に継承している。

　そして中村は、学問的研究対象としての企業倫理には二方向からのアプローチがあり、それは「企業を研究の対象とする学問分野としての経営学の主題」として担当される「企業倫理」論と、哲学における倫理学に属する研究領域である「応用倫理学」の一分野としての「企業倫理学」の二つである[18]とし、経営学における企業倫理研究（「企業倫理」論）と、「応用倫理学」としての「企業倫理学」とは、異なった二つの学問が単に同一の研究対象を有しているという関係にあるだけではなく、この両者には、相互補完関係という重要な特徴があることを指摘する。「前者がその対象事項に関わる現実の具体的事象の広範かつ詳細にわたる観察・分析と、その成果の理論的体系化に努めていたのに対し、後者は倫理的観点から問題となる具体的事象群に対する倫理学的な分析ならびに判断の個別的適用の方法を追求しつつあったからである」[19]。

　高田および中村の研究が示すものは、企業の社会的責任に関する議論と企業倫理に関する議論との論理的構成である。まず、従来の CSR 論や「企業の社会的即応性」論といった、企業の社会的責任に関する典型的な議論によって、企業が果たすべき社会的責任の内実、つまり、社会的責任の対象となる各主体や、社会的な課題事項の種類・性格・具体的事例とそれらの解決のために必要な姿勢・態度などが明らかとなる。そ

して、このような社会的責任を具体的に果たしていくための方途は企業内部制度化に求められることから「企業倫理」論の議論が必要とされるが、ここでは企業内部制度の性格を規定する企業倫理綱領の内実である倫理的価値を定義する必要から、「企業倫理学」にもとづく倫理学的議論を欠かすことができない、ということになるであろう。

　個別企業は、現行法令の遵守はもとより、利害関係者との協調的関係性（互恵的関係）を維持する必要から（基本的に、経済的責任、法的責任、倫理的責任、社会貢献責任に区分される、各種の利害関係者別の）社会的責任を果たさなければならず、その具体的実践を可能なものとする企業内部制度を構築しなければならない。この内部制度は企業倫理綱領に従ってその性格が規定される。そこで、個別企業の内部では、この企業倫理綱領の内実となる、企業構成員間において共有可能な（あるいは肯定されている）倫理的価値の、定義づけが行われる。この定義された倫理的価値は企業倫理綱領の内実となり、企業倫理綱領を通じて内部制度の性格を規定する。そして、この定義された倫理的価値を反映した内部制度が具体的に社会的責任を実践していく。つまり、個別企業にとって社会的責任の実践の成否は、根源的にその企業の倫理的価値の定義づけの内実にかかっているのである（図表-11 参照）。

　このように、企業を社会的責任に対応した即応的態度と倫理的思考を有するべきものとして捉え、それらの具体的実現のために必要な要件について制度的対応が可能な存在となることを企業側に求める動き、というものに個別企業が応えることである「現代 CSR」の実践の成否は、企業内部における倫理的価値の定義づけの内実にかかっているのである。つまり、「現代 CSR」論においては「企業倫理学」が極めて重要な位置を占めているのである。

図表-11 「現代 CSR」論の構成と「現代 CSR」の実践の構成

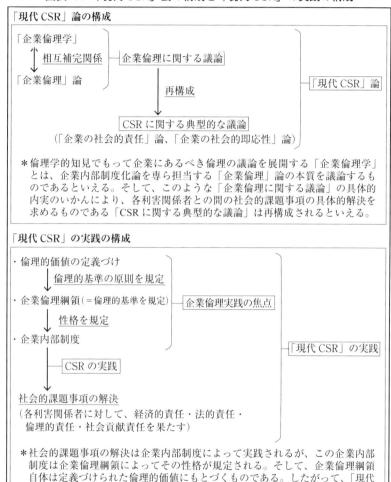

○「現代 CSR」論における「企業倫理学の位置」
　「現代 CSR」の実践においては倫理的価値の定義づけが最も根本的に重要であり、そしてその意味において、倫理学的知見でもって企業にあるべき倫理の議論を展開する「企業倫理学」は、「現代 CSR」論の中核に位置するべきものとして捉えるべきであろう。

　出所：著者作成

第5節　企業の社会的責任・企業倫理に関する
　　　　議論の今後の展望

　ここまではアメリカにおける議論を中心に参照し、「現代 CSR」という概念を検討してきたが、続いて今後の企業の社会的責任や企業倫理に関する経営学的な議論の展望を、日本における議論の経過なども参照しつつ確認したい。

　日本およびアメリカなどにおいては、1960 年代から 1970 年代にかけて社会的運動が最盛期を迎えていた。これらの運動は、市民が多様な社会的な課題事項の解決・是正を求めて運動を展開していったのであるが、特に企業に関わる問題については、企業が社会的責任を果たすことを求めるものとして展開した。この当時の日本における企業の社会的責任に関する議論においては専ら、企業経営に対する、（立法的）公的規制や企業内部の労働組合の実効性の担保とその強化といった手法を中心にして、企業が社会的責任を果たすことを実現しようとするものであった。このような思潮は、資本主義社会の経済体制下にある個別企業（特に株式会社）がおかれた状態・状況（つまり、社会構造的に個別企業がおかれている状態・状況）というものに関する一般的見解がもたらしたものであったといえる。当時の個別企業がおかれた状態・状況についての見解としては、例えば中村によれば次のようである[20]。企業財産に対する最終処分権を（自由裁量的に）もたない専門経営者が、企業の存続を図るという観点のもと究極的な意思決定の根拠を求めるとき、それは株主の意思が常に私的な経済的自己利益の追求にあると仮定する以外にないのであり、しかも、このような専門経営者の思考様式の背景には常に競合他社との競争という過酷な条件が影響を及ぼしているのである。つまり、

資本主義経済体制下においては、競合他社との競争という環境的条件を不可避の前提とした上で、株主の意思を企業の存続という観点から仮定的に定義しなければならないという事態のもとでの専門経営者（と個別株式会社）の行動様式というものが、あるあらゆる個別の株式会社に強制されることになるのである。しかも、支配的な大規模企業としての株式会社がこのような事態のもとでの行動様式に導かれるものであるならば、それは（つまり、株式会社の行動様式の要因となる、経済的自己利益の追求という目的と、競合他社との競争という環境的条件は）間接的に個別の非株式会社とその経営者の行動様式にも影響を与えるのである。

　資本主義社会の経済体制下にある個別企業がおかれている状態・状況に対するこのような認識は、すなわち、個別企業とその経営者に企業倫理を求めることは社会構造的に困難であるという認識を事実上、示している。このような当時の日本における認識が、個別企業に対する、公的規制の強化や企業内部の労働組合の強化によって、社会的責任の実現を図っていくという思潮へと繋がっていったのであり、これは個別企業に対する外的強制（あるいは利害関係者による対抗）によって企業の社会的責任を実現しようと目指したものであり、個別企業やその経営者に倫理性を求めるものではなかった。

　しかし、現在の日本における社会的状況は、企業や経営者に倫理性を求める段階へと至ってきていると考えられる。資本主義社会に対する対抗存在としての社会主義社会の相次ぐ崩壊、日本はもとより先進諸国において頻発する企業犯罪と企業不祥事、民主主義社会の成熟化と一般の市民意識の向上、このような一連の事態は企業の社会的責任に対する一般的見解を変更させしめるに至ったと推察されるのである。ペインはこのような世界的動向を『価値観の転換』（*Value Shift*）と表現しているが[21]、これは日本においても例外なく進行している事態であろう。いわゆる近年の

CSR ブームや SRI（Socially Responsible Investment）ファンドの進展など
の社会的状況の変化は、資本主義経済体制下の社会的構造の変化とはい
えなくとも、一般的な社会的状況の変化であることは間違いない。この
ような社会的状況に至った現在においては、企業とその経営者に倫理
性を求めることは決して不可能ではない。事実、アメリカを中心とした
1980 年代以降の「企業倫理学」・「企業倫理」論の進展はこのことの証
左である。「企業倫理学」・「企業倫理」論においては、企業構成員が倫
理的であるための具体的な倫理的価値観やその具体的な基準の議論を客
観的に担保するための「規範倫理学理論」の応用や、企業内部における
倫理的意思決定を具体的に担保するための制度化（企業内部制度化）が
主張されている。

　1960 年代から 1970 年代にかけての日本における企業の社会的責任に
関する議論においては、企業とその経営者に倫理性を求めることが困難
であるという基本的認識のもとで、公的規制や労働組合の強化といった
方法で企業経営を（社会的責任の実現に向けて）矯正する制度を求めたの
であるが、現在においては、そのような外的強制（矯正）にのみ頼るの
ではなく、経営者や企業自身が倫理的価値観をもって自発的・自主的に
倫理的取り組みを行っていくことが求められている。このような一連の
論理は、企業の社会的責任を実現するための相互補完的な取り組みのあ
りようを端的に示すものである。つまり、企業とその経営者の内実に
左右されない客観的な（個別企業に対する外的強制としての）社会的制度
（公的規制や組合の強化など）と、企業とその経営者自身の倫理性が問わ
れる自発的な取り組みとしての（個別企業による自己規制としての）企業
倫理の実践とが、相互補完的にその機能を発揮することが、企業の社会
的責任を実現する最善の方途であるということである。中村は「企業倫
理の社会的制度化」論としてその具体的ありようを示している[22]。「企

業倫理の社会的制度化」論においては、立法的処置としての公的規制（あるいは公的助成）、経済団体などによる自主規制、各種利害関係者による支持（あるいは批判）、個別企業（経営者）による自己規制としての企業倫理（経営倫理）がそれぞれ相互補完的に機能し、さらには、それらの個別の取り組みが社会的評価を継続的に反映していくことでそれらの個別の取り組みに内在する規範的基準と具体的制度・内実とがさらに向上・発展していくことが主張されるのである（図表-12参照）。

さらに中村は、「倫理的企業」（ethical business firm）の条件を示しているアギュラー（Aguilar, F. J.）の研究[23]を参照し、倫理的企業の論理を（最も期待される：the most promising＝MP、という願望をも込めて）「MPモデル」として示している。これは、「企業の『倫理性』（moral＝M_1）に対する社会の評価とそれにもとづく社会の対応が企業内部における構成員の『志気』（morale＝M_2）の向上をもたらし、それが企業活動の『生産性』（productiveness＝P_1）を高めることにより企業の高い『業績』（performance＝P_2）の実現を可能にするというものである」。そして、「こ

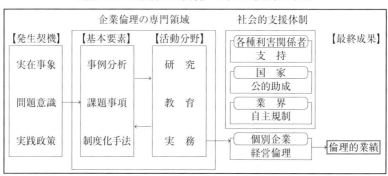

図表-12　企業倫理の実現への社会的な取り組み

出所：中村瑞穂「企業と社会―関係様式の変遷―」作新学院大学経営学研究グループ（代表：中村瑞穂）著『経営学―企業と経営の理論―』白桃書房、2003年、16ページ。

第 2 章 「現代 CSR」論　87

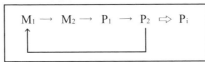

図表-13　MP モデル

出所：中村瑞穂「企業と社会―関係様式の変遷―」作新学院大学経営学研究グループ（代表：中村瑞穂）著『経営学―企業と経営の理論―』白桃書房、2003 年、19 ページ。

の高い『業績』は倫理性をもともなうものであることにより、社会的公共的利益（public interest＝Pi）の増進に貢献する」とともに、「この高い『業績』は個別企業に対し、その行動の倫理性のさらなる向上に取り組むことを可能にする条件を提供するものでもある」[24]（図表-13 参照）。

　本書が展開する「現代 CSR」論の最も広義な視点、すなわち、全社会的な取り組みのあり方を議論するものとしての「現代 CSR」論の、その具体的な構想は「企業倫理の社会的制度化」論が示している。

注

1) 1970 年代に実施されたペンシルベニア大学ウォートンスクールを拠点にした「ステークホルダー・プロジェクト」が、プラグマティズム的立場からの分析を特色としていたことに象徴されるように、当時は（倫理学的真理ではなく、経験的事実のみを認める学問上の立場という意味で）実証主義的側面が強かったといえる（水村典弘『現代企業とステークホルダー ―ステークホルダー型企業モデルの新構想―』文眞堂、2004 年、31-33 ページ）。

2) 不況による失業者の増大、金融業界の腐敗や内部者取引の発覚、防衛産業の水増し請求問題、環境問題に対する不誠実な企業の存在などアメリカ社会全体が（特に企業に対して）倫理を希求する事態へと至ったことが、1980 年代から 1990 年代にかけての「企業倫理学」や「企業倫理」論の興隆をもたらす要因となった（エプスタイン，E.M.「特別寄稿　経営学教育における企業倫理の領域：過去・現在・未来」中村瑞穂編著『企業倫理と企業統治―国際比較―』文眞堂、2003 年、212-219 ページ）。

3) このような組み合わせは、「統合的社会契約理論」（Integrative Social Contract Theory）における「超規範」（Hypernorms）と「ミクロ社会契約」（Microsocial Contract）という構想と類似性がある（Donaldson, T. and Dunfee, T. W., *Ties That Bind: A Social Contracts Approach to Business Ethics,* Harvard Business School Press, 1999）。

4) Epstein, E. M., "The Corporate Social Policy Process: Beyond Business Ethics, Corporate Social Responsibility, and Corporate Social Responsiveness", *California Management Review*, Vol.29, No.3, Spring 1987, pp.99-114.（「経営社会政策過程―企業倫理・経営社会責任・経営社会即応性を超えて―」中村瑞穂・風間信隆・角野信夫・出見世信之・梅津光弘訳『企業倫理と経営社会政策過程』文眞堂、1996 年、1-21 ページ）。

5) Epstein, E. M., *ibid.*, p.107. 中村瑞穂・風間信隆・角野信夫・出見世信之・梅津光弘訳、前掲訳書、13 ページ。

6) Frederick, W. C., "Toward CSR3: Why Ethical Analysis is Indispensable and Unavoidable in Corporate Affairs", *California Management Review*, Vol.28, No.2, 1986, pp.126-141. Frederick, W. C., "Theories of Corporate Social Performance", Sethi, S. P. and Falbe, C. M. eds., *Business and Society: Dimensions of Conflict and Cooperation*, Lexington, 1987, pp.142-161.

7) Frederick, W. C., "Moving to CSR4: What to Pack for the Trip", *Business and Society*, Vol.37, No.1, 1997, pp.40-59. なお、フレデリックの議論の詳細な解説には次の文献がある（高岡伸行「CSR パースペクティブの転換」日本経営学会『日本経営学会誌』第 13 号、2005 年 3 月、3-16 ページ）。

8) 大貫隆・名取四郎・宮本久雄・百瀬文晃編集『キリスト教辞典』岩波書店、2002 年、1190 ページ。

9) 大貫隆・名取四郎・宮本久雄・百瀬文晃編集、前掲書、1112 ページ。

10) Brummer, J. J., *Corporate Responsibility and Legitimacy: An Interdisciplinary Analysis*, Greenwood Press, 1991, pp.101-210. 角野信夫「経営学と企業倫理―その背景を考える―」鈴木辰治・角野信夫編著『叢書 現代経営学⑯ 企業倫理の経営学』ミネルヴァ書房、2000 年、7-9 ページ参照。

11) 角野信夫、前掲書、7-8 ページ。

12) 角野信夫、前掲書、8 ページ。

13) 角野信夫、前掲書、8 ページ。

14) 角野信夫、前掲書、8 ページ。

15) Carroll, A. B. and Buchholtz, A. K., *Business and Society: Ethics and Stakeholder*

Management, 5th ed., South-Western, 2003, p.40.

16) 高田馨『経営の倫理と責任』千倉書房、1989 年。角野は高田の研究を詳しく解説している（角野信夫「企業倫理と経営学の研究および教育」『明大商学論叢』第 83 巻第 2 号、2001 年 2 月、1-17 ページ）。

17) 高田馨、前掲書、26-27 ページ。

18) 中村瑞穂「ビジネス・エシックスと公益」日本公益学会『公益学研究』第 1 巻第 1 号、2001 年 9 月、1 ページ。

19) 中村瑞穂「ビジネス・エシックスと公益」、2 ページ。

20) 中村瑞穂「現代日本の株式会社」組織学会編『組織科学』第 8 巻 3 号、1974 年 9 月、27-36 ページ。

21) Paine, L. S., *Value Shift: Why Companies Must Merge Social and Financial Imperatives to Achieve Superior Performance*, McGraw-Hill, 2003.（鈴木主税・塩原通緒訳『バリューシフト─企業倫理の新時代─』毎日新聞社、2004 年）。

22) 中村瑞穂「企業と社会─関係様式の変遷─」作新学院大学経営学研究グループ（代表：中村瑞穂）著『経営学─企業と経営の理論─』白桃書房、2003 年、15-20 ページ参照。

23) Aguilar, F. J., *Managing Corporate Ethics: Learning from America's Ethical Companies How to Supercharge Business Performance*, Oxford University Press, 1994.（水谷雅一監訳、高橋浩夫・大山泰一朗訳『企業の経営倫理と成長戦略』産能大学出版部、1997 年）。

24) 中村瑞穂「企業と社会─関係様式の変遷─」、前掲書、18-19 ページ。

第3章

批判哲学的企業倫理研究

　本章は現代におけるカント（Kant, I.）哲学の意義を認め、その道徳哲学である人倫の形而上学の所説にみられる理論を、企業倫理の問題に応用することを試みるものである[1]。

　この目的を達成するために、本章はまず、カント哲学が有する現代的意義を具体的に認識して、次に、人倫の形而上学の所説を確認する。そして、このカントの批判哲学における人倫の形而上学を企業倫理の問題へ応用し、企業の倫理に関して批判哲学的見地から見い出すことが可能な理論と見解を提示する。

　以上のような手続きによる企業倫理研究を、本書では批判哲学的企業倫理研究と称する。

第1節　現代におけるカント哲学の意義

　今日、我々の社会は企業倫理について一つの疑問をもっている。それは、倫理や道徳に関して、時代や文化を超越して通用する普遍的な規範や価値が存在するのか、それとも、倫理や道徳は時代や文化を反映したものであり、個人や共同体単位によってその基準は異なるのか、という問題である。前者を肯定する立場に依拠する場合、我々は絶対的な一つの基準によって物事の善悪を判断するという形式をもって企業の倫理を規定することが可能となるが、しかしこの立場には、時代や文化を超越

して通用する普遍的な規範や価値の実在性に対する疑問という問題がある。一方、後者を肯定する立場に依拠する場合、我々は物事の善悪を共同体ごとに内部構成員間の合意にもとづいて規定することで、現実的で実用可能な企業の倫理を規定することが可能となるが、しかしこの立場には、規範的基準や価値観の相違に基因した共同体間の対立という問題がある。

　このような現代社会の問題とある意味において類似したものを、近世ヨーロッパにおける思想・哲学の潮流のなかにみることができる。それは、人間理性への無批判的な信頼にもとづき、あらゆる対象への認識は理性によって矛盾のない結論にまで達すれば真理であり、それによって神さえも存在証明が可能であるとするような、デカルト（Descartes, R.）および、ライプニッツ（Leibniz, G. W.）やヴォルフ（Wolff, C.）などに代表される大陸「合理論」（Rationalism）的な議論である「独断論」（Dogmatismus）的形而上学と、ホッブズ（Hobbes, T.）やロック（Locke, J.）の議論、あるいはヒューム（Hume, D.）の「懐疑論」（Skepticism）などに代表されるイギリス「経験論」（Empiricism）との対立のことを意味する。

　今日の我々が普遍的な規範や価値の存在に疑問を覚えつつも、その一方で国や地域を超えて通用するような（超時代的・超文化的である）超共同体的な規範的基準の存在の必要性を（その実在性の肯定・否定に関わらず）感じているように、近世ヨーロッパにおける思想・哲学の潮流に対するカントの問題意識も、人間理性にもとづいてあらゆる対象の普遍的法則の考究に努める形而上学的議論が、その「独断論」的態度から批判され、さらに、「経験論」・「懐疑論」などの台頭によって、遂には衰退しつつある状況の改善にあった。つまり、カントは普遍的法則を見い出すものである形而上学の復興（理性の復興）を求めたのである。

　カントの形而上学（metaphysics）[2]は批判哲学として展開される。そ

れは従来の形而上学とは異なり、次のようなカント哲学の試みにより成立したものである。カントは形而上学の復興を、「合理論」的議論と「経験論」的議論とを批判的に、すなわち客観的に統合することで実現した。具体的には、前者に対しては、「アプリオリ」（a priori：先天的・生得的、あるいは先験的）に人間に備わっているものである理性を批判して理性の機能と限界を画定し、それらに関する議論を純粋哲学と規定することで、後者に対しては、現実と相関的な実用的議論としてその有用性と限界を指摘し、それらに関する議論を応用哲学と規定することで、両者を一つのカント哲学の体系のなかに位置づけ、秩序づけたのである[3]。

　カント哲学の中心は形而上学、つまり、純粋哲学の領域に属する批判哲学にある。純粋哲学は、『純粋理性批判』（*Kritik der reinen Vernunft*）[4] と『プロレゴーメナ』（*Prolegomena*）[5] が主に該当する著作である自然の形而上学と、『人倫の形而上学の基礎づけ』（*Grundlegung zur Metaphysik der Sitten*）[6] と『実践理性批判』（*Kritik der praktischen Vernunft*）[7] と『人倫の形而上学』（*Die Metaphysik der Sitten*）[8] が主に該当する著作である人倫の形而上学から構成され、非経験的な純粋理性による自然と人間（延いては人倫、すなわち倫理や道徳）に対する理性的な認識と考究から客観的な世界認識を目指すものであるが、その基本的方途となるものこそが純粋理性への批判（理性の機能と限界の画定）であり、これをその本質から批判哲学全体の基礎に位置づけている。一方、応用哲学は、『自然地理学』（*Physische Geographie*）[9] が主に該当する著作である経験的自然論と、『実用的見地における人間学』（*Anthropologie in pragmatischer Hinsicht*）[10] が主に該当する著作である経験的人間学から構成され、自然と人間に関する経験的議論から経験的な世界認識を目指すものである。

　カントによる形而上学の復興は、「合理論」的議論と「経験論」的議論との批判的統合というカント哲学の体系化のなかで、普遍的に人間に

備わっている理性を批判（客観化）して理性の機能と限界を画定するという純粋理性への批判という作業から、批判哲学が成立することによって実現されたのである。

客観的に画定された理性による世界の認識と考究は、自然と人倫（倫理や道徳）に関する普遍的法則を見い出すことを可能とする。人間理性による客観的で合理的で論理的な推理・推論を用いて対象を思弁的に考究するということは、その対象に関する超時代的・超文化的な普遍的法則、つまり、永遠に不変で普遍的な法則・論理を見い出すということにつながる可能性がある。

このような理性による世界認識は、上述のような現代的な問題意識、すなわち、超時代的・超文化的な規範的基準の存在の必要性に応えるものとなる可能性がある。したがって、批判哲学が見い出す普遍的法則、特に普遍的な道徳法則について、その意義とそこに内在する可能性を再認識する必要があるだろう。

第2節　人倫の形而上学
―定言的命法と「同時に義務である目的」の概念―

カントは自然の形而上学に関する考究のなかで、次のような「純粋理性の弁証的主張」を挙げている（図表-14参照）。

図表-14内の第三アンチノミー（antinomie：二律背反）は、自由と自然法則との関係について示されたものである。これは一見すると、定立と反定立とが矛盾した弁証的主張であるようにみえるが、実際にはこれら（定立と反定立）は相反するものではない。世界には自由による因果と、絶対的な自然法則による因果との、両方が同時に存在しており、ここに矛盾はない。つまり、人間の意志については自由による因果が存在

第 3 章　批判哲学的企業倫理研究　　95

図表-14　純粋理性の弁証的主張

第一アンチノミー
　　定立：世界は、時間および空間からみて、一つの始まり（限界）をもつ
　　反定立：世界は、時間および空間からみて、無限である

第二アンチノミー
　　定立：世界の内なるものはすべて、単一なものから成り立つ
　　反定立：単一なものは何もなく、すべては合成されている

第三アンチノミー
　　定立：世界の内には、自由による諸原因が存在する
　　反定立：いかなる自由もなく、すべては自然である

第四アンチノミー
　　定立：世界原因の系列のうちに、何らかの必然的存在者がある
　　反定立：そうした系列のうちでは何ものも必然的でなく、この系列のうち
　　　　　　では、すべてが偶然的である

出所：Kant, I., Prolegomena zu einer jeden Künftigen Metaphysik, die als Wissenschaft wird
　　　auftreten können.Herausgegeben von Benno Erdmann, 1783, in: Kant`s Gesammelte
　　　Schriften, Band Ⅳ, Herausgegeben von der Königlich Preußischen Akademie der
　　　Wissenschaften, 1911, p.339.（久呉高之訳「プロレゴーメナ」有福孝岳・久呉高之訳
　　　『カント全集 6　純粋理性批判 下　プロレゴーメナ』岩波書店、2006 年、308 ページ）。
　　　ただし、一部改編・改訳。

し、自然については自然法則による因果が存在しており、この両者は世
界において両立しているのである。
　純粋理性の領域における思弁的認識においては、世界には、対象を絶
対的に拘束する自然法則にもとづく因果と、人間の意志の自由にもとづ
く因果との、二つの因果律が両立して存在しているとされる。しかし
ながら、後者については、理性的存在者という人間の本分から、その法
則（因果律）が道徳法則に適ったものであることが分かる。なぜならば、
理性的存在者である人間は、本質的には、合理的に善を志向・選択する
存在であるといえるからである。

したがって、人間が自由な意志のもとで善を志向する実践理性の領域とは、道徳法則の領域でもあるといえる。

　自然法則は、その因果律によって自然を一方的に（絶対的に）拘束するものである。しかし、理性的存在者たる人間が意志の自由にもとづいて道徳法則に適ったものとして見い出す因果律（個人の内的法則）は、人間が自らの意志でその因果律を自主的に自分に適用させるものである。このような人間の道徳実践のあり方は、その自主性というところに、人間の自由の存在を証明しているといえる。

　倫理や道徳の実践においては、理性的存在者である人間が意志の自由にもとづいて見い出した、自らの「格律」（maxime：個人的行為を規定し命じるものとしての、人間の内的法則・指針）が道徳法則に適っているかを判定する必要がある。その道徳的判定の原理となるものが、定言的命法（kategorischer Imperativ）と「同時に義務である目的」の概念である。

　カントは唯一の命法として、次のような定言的命法を提示している。

　「信条（格律：著者）が普遍的法則となることを、当の信条を通じて自分が同時に意欲できるような信条に従ってのみ、行為しなさい」[11]。これは格律の普遍化可能性という道徳的判定の基準を示すものであり、その人間の意志の指針が全ての人間にも適用できるものであるかどうかによって、その人間の格律の道徳的正当性を問うものである。

　この命法を原理として、全ての道徳的な義務の命法が導出される。それは次の四つの義務として示されている[12]。

　・自分自身に対する義務

　・他人に対する義務

　・完全義務

　・不完全義務

これらは次のように説明される[13]。

①自己に対する内的完全義務の例…「苦しい時は死んでもよい」という格律（個人的信条）は義務に反するかどうか

　　→この格律は普遍的な法則とはならない。なぜならば、この格律は自愛の念が自らの死をもたらすということであり、明らかに自己矛盾（自愛≠自死）しているからである

②他人に対する外的完全義務の例…「困窮している時は偽りの約束をしてもよい」という格律は義務に反するかどうか

　　→もし、この格律が普遍的な法則となれば、当の約束自体が成立不可能となる

③自己に対する内的不完全義務の例…才能ある人物が自己開発に努めないことは義務に反するかどうか

　　→この例の場合、才能ある人物が自己開発に努めなくとも人類社会そのものは問題なく存続し続けるので、格律の普遍化可能性による判定は無効となる。ここでは、その格律が普遍化されることをその人間自身が意欲できるかどうかが問われるのであり、この点からいって、理性的存在者の判断としてはこの例にみられるような格律の普遍化は意欲されないだろう

④他人に対する外的不完全義務の例…自分が幸福であるときに、他人の幸不幸に無関心であることは義務に反するかどうか

　　→この例にみられるような格律が普遍化されるのを意欲することは、理性的存在者の判断として妥当ではない。つまり、ここでもその格律に対するその人自身の意欲が問われる

　以上の義務の例をみて分かるように、道徳的判定の究極的な原理としての定言的命法、すなわち「格律が普遍的法則となることを、当の格律を通じて自分が同時に意欲できるような格律に従ってのみ、行為しなさい」には、格律の道徳的正当性を見い出すための二つの基準が内在して

いる。これは、井上が「カント『定言命法』の二重規制的構造」として指摘するものである[14]。

カントの定言的命法に内在する二重規制とは，その格律，すなわち個人的な内的法則（意志の指針）が道徳的に認められるかどうかの判定のための二つの基準のことであり、一つはその格律が人類全体に普遍化されたとしても人類社会そのものの健全な存続・発展に支障をきたさないかどうかを問うという基準であり、他方はその格律の普遍化を当の自分自身が理性的存在者として意欲できるかどうかを問うという基準である。この二つの基準はともに、理性的に考究されるものである。

次に、カントの道徳哲学における究極な原理である定言的命法をより深く理解するために必要不可欠な「同時に義務である目的」の概念について確認する。

「同時に義務である目的」の概念とは、「自己の完全性——他人の幸福」[15]（自己の完全性と他人の幸福との同時的達成）である。

自己の完全性とは、「当人が義務についての自分自身の概念に従って、自分で自分の目的を立てる能力があるということ」である[16]。つまり、これは主観的な概念である。そして、他人の幸福とは、他人一般、すなわち私以外の全ての人間に共通する幸福（すなわち、人類全体の共通の幸福であり、私の幸福でもあるもの）のことであると考える。

カントは「同時に義務である目的」の概念の意義を次のように規定している。

「同時に義務である目的という概念は、倫理学に特有のものである。この概念だけが、主観的目的（だれもがもっている）を客観的目的（だれもが目的とすべき）に従属させることで、行為の格率（格律：著者）にとっての法則を基礎づけるのである」[17]。

つまり、その格律が自己の完全性（意志の指針を自らが規定できること）

と他人の幸福（他人一般の幸福、人類共通の幸福）とを同時的に達成する
ものであるかどうかという判定が、道徳的な判断における至上の原理と
なるのである。なぜならば、自己の完全性にもとづいて見い出された格
律がもつであろう主観的な目的を、だれもが目的とすべき客観的目的で
ある他人一般の幸福・人類共通の幸福に従属させることにより、その格
律に客観性が担保されるからである。

　「同時に義務である目的」の概念とは、自らの格律を自らの意志で決
めることができる自由（自己の完全性）が、常に同時に、自己と他者と
の共通の幸福（他人の幸福、すなわち私と他人一般との共通の幸福）に適っ
た仕方でのみ使用されなければならない、ということを導き出す概念で
ある。したがって、この概念こそが、定言的命法の核心であり、真正の
倫理的行為を導き出す原理を、定言的命法とともに構成する概念であろ
う。

　なお、この他人の幸福を人間一般の共通の幸福（言い換えるならば利
益）という側面から規定する、という発想はルソー（Rousseau, J. J.）の
『社会契約論 または政治的権利の諸原理』（*Du Contrat social ou Principes
du droit politique*）[18] における「一般意志」（volonté générale）の概念から
も汲み取ることができる。それぞれ各人が主権の一部を構成している
「市民」（citoyen）が全員で参画する合議体としての立法府の意志は、常
に、市民一般に共通の利益のみを志向しなければならないとする「一般
意志」の概念は、カントの「同時に義務である目的」の概念の理解に多
くの示唆を与えるものであろう。なぜならば、共通の利益のみが全員の
幸福を代表するからであり、この共通の利益・幸福こそが、本来独立し
た存在である人間を集合・結合させ社会を成立させしめる市民間の絆だ
からである。カントは自然人としての人間個人の人格の問題として「同
時に義務である目的」の概念を提示しているが、ルソーは主権を構成す

る各市民が集合・結合して成り立つ立法府（議会）を一つの人格として捉え（本書では、組織体の意志決定を担う合議体のように、複数の人間が集合・結合して作り上げられる、組織体の擬似的な「人格」を、組織的人格と呼称する）、この人格に関する問題として「一般意志」の概念を提示している。自然人個人の道徳的な目的に関する概念である「同時に義務である目的」の概念と、組織的人格が志向すべき目的に関する概念である「一般意志」の概念とが、ともにその目的の内実を、自然人個人としての人間（市民）一般に共通の幸福、すなわち人類共通の幸福（利益）と規定している点は、組織的人格における道徳的な目的と、自然人としての人間個人の人格における道徳的な目的とが同じであるということを表している。したがって、組織的人格が目指すべき道徳的な目的と、自然人個人の人格が目指すべき道徳的な目的とは、その内実において同じなのである。

第3節　批判哲学的企業倫理研究による諸説

　前節において指摘した、組織的人格が目指すべき道徳的な目的と、自然人個人の人格が目指すべき道徳的な目的とは、その内実において同じであるという見解に立脚して、本節では、定言的命法と「同時に義務である目的」の概念を組織的人格に適用するなどの方途をもって、カントの道徳哲学（人倫の形而上学）における主要な道徳的原理を企業倫理の問題に応用することを試みる。

第1項　定言的命法の組織的人格への適用の理論

　カントの道徳哲学にもとづけば、理想的な企業倫理の実践とは普遍的な道徳法則に適った格律（個人の内的な法則）を自らのものとすること

であろう。つまり、究極的な道徳的原理たる定言的命法に自らの格律を適応させることが求められるのである。

　定言的命法を自然人個人に適用することは可能である（もちろん、それを個人が意欲するかどうかはその個人の人格の問題であるが）。しかし、非自然人たる組織的人格に、自然人個人と同じようにして、定言的命法を適用することは理論上可能であるのか（もちろん、可能であったとしても、その組織的人格が定言的命法の適用を意欲するかどうかは別の問題であるが）。もし可能であるならば、理想的な企業倫理の実践とは、究極的な道徳的原理である定言的命法を、企業という組織的人格（の意志決定原理）に適用することである、ということになる（なお、カント哲学においては「意思」ではなく「意志」という用語が専ら用いられるため、本書では、カントの理論を応用するような場合においては「意志決定」と表記する）。

　理想的な企業倫理の実践としての、定言的命法の組織的人格への適用には、その前提として、組織内の構成員全員が定言的命法に従うということが必要となる。定言的命法を自然人個人に適用することは可能であり、組織構成員全員が各人の格律の原理に定言的命法を適用することは当然、道徳的な要請として成されるべきことである。

　組織構成員全員が各人の格律の原理に定言的命法を適用することが達成されたとき、その組織（的人格）には定言的命法が適用されたことになる。組織の人格を代表するのは、その組織の意志決定機関（株式会社のような企業であるならば経営意志決定機関としての取締役会）である。この意志決定機関は合議体であり、この合議（会議）の構成員（株式会社のような企業であるならば取締役）が、その組織の人格の実体として、意志決定への参画者として、組織的人格の一部を形成するのである。自然人であり、意志決定への参画者である各人は、自らの意見・意志・判断を形成するその精神的側面において、普遍的な人間理性を有する。全て

の自然人が共通に有する理性にもとづき、普遍的な道徳法則に自らの格律が適うかどうかを見い出す定言的命法に従って、この各人が自らの意見・意志・判断を形成するとき、各人のそれぞれの意見・意志・判断は理想的には誰一人欠けることなく一致したものとなる。なぜならば、そのようにして形成されるときの各人の意見・意志・判断は、普遍的・客観的な道徳法則に適合するもの、つまり全ての人間にとって理性的にみて正しいものとなるからである。

　しかしながら、定言的命法に従っても、各人の意志が一致しない場合もありうる。このような場合、各人の意志は普遍的な道徳法則に適っているという前提条件を満たしたものであるので、その意味において誰の意志も道徳的に正しいといえる。したがって、誰の意志が最終的な議決になろうとも、あるいは複数人の一致した意志が最終的な議決になろうとも、あるいは全員もしくは複数人が妥協点をもって一致させた意志が最終的な議決になろうとも、その最終的な議決は本質的に普遍的な道徳法則に適っているものとして、その組織的人格の意志となる。これらの議決のうちのどれであっても、本書においてはその議決を意志決定機関の構成員全員が本質的に承認した議決とみなす。なぜならば、各構成員が定言的命法を介して普遍的な道徳法則を志向しなければならないとする前提条件は、上述のような各種の議決のうちのどれであろうとも必ず、合議体の意志を道徳的意志にするからである。つまり、個人の意志にも、あるいは複数人の一致した意志にも、あるいは全員もしくは複数人が妥協点をもって一致させた意志にも、合議体の構成員全員が本質的に承認することが可能な内実（その意志が定言的命法に従っているものであるということ）が存在するのである。

　自然人個人であっても、ある意志決定に関して一つの人格のなかで複数の意見が対立することは珍しくないが、そのような内的な葛藤のなか

でも最終的に一つの意志を導き出すのが人格である。一つの意志を導き出す最終的な局面においては、内的な葛藤は基本的に終息し、人格は導き出された一つの意志のみを認めるのである。自然人個人の人格の実態と組織的人格の実態とは、一つの人格における意志決定の過程・形式の視点からみて本質的に相違はないであろう。組織的人格を一つの人格とみなすとき、内的な葛藤がいかにあろうとも、最終的に導き出された意志はその人格の普遍的な意志となる。組織の人格を代表する意志決定機関により形成された意志の組織内における普遍化は、その意志の目的が組織の精神・文化などの側面に関するものである場合は無形的に、その意志の目的が組織の規則・制度などの側面に関するものである場合は実定的に実現されるだろう。しかしながら、この論理は、組織的人格の意志の組織内における普遍化の形式に関しては完結したものであるものの、組織内部の実態に関しては、意志決定機関が導き出した意志（議決）に賛同しえなかった非意志決定機関構成員（企業でいえば従業員）としての自然人各人が他者の意見に強制的に従うという、他律の問題を孕んでいるかにみえる（意志の自由を前提とするカントの道徳哲学において、他律は認められない）。しかしながら、既述のように、定言的命法の組織的人格への適用には、組織内の構成員全員が定言的命法に従うということが前提とされるのである。したがって、この前提が実現されている限りにおいては、非意志決定機関構成員が他律の問題に直面することはない。なぜならば、意志決定機関が議決を経て形成する意志は、（既述のように）必ず定言的命法に従った内実を有するものであり、その意味において、非意志決定機関構成員にとっても本質的に承認可能な内実を有しているからである。

　以上のように、組織的人格の実体である意志決定機関は、この意志決定機関を構成する各人が人間理性にもとづき定言的命法に従って普遍的

な道徳法則に適った格律を見い出すことによって、組織内の全ての構成員が本質的に承認することができる議決（組織的人格の意志）を形成することが可能なのである。このような可能性が実現されているとき、その組織的人格においては、意志決定の原理に定言的命法が適用されているといえる。つまり、理論上、組織的人格にも定言的命法は適用できるのである。

　本書は企業倫理研究を主題としていることから、企業のような限られた一部の構成員のみが意志決定機関に参画することが可能である組織を例に、組織的人格の倫理や道徳の問題を取り上げている。しかし、組織的人格への定言的命法の適用は、意志決定機関に構成員全員が参画することができる組織においても可能である。組織内のあらゆる構成員全てが分け隔てなく意志決定に参画することが可能な組織においても、既述のようにして、意志決定機関を構成する全ての構成員が定言的命法に従うことによって、やはり全ての構成員が承認可能な組織的人格の意志の形成が可能なのであり、ここに組織的人格への定言的命法の適用が実現しているといえる。

　組織内のあらゆる構成員全てが分け隔てなく意志決定に参画することが可能な組織における定言的命法の適用可能性を考察するとき、我々はここに民主主義政治の典型と同じものをみることができる。フランス政治革命とその後の民主主義政治の原理となったルソーの『社会契約論または政治的権利の諸原理』における「一般意志」の概念は、民主主義政治の原理として、全市民（ただし、かつてのジュネーブ共和国がそうであったように、当時において市民とは大衆における最上位の身分である）[19]が参画する立法府の意志決定は常に、全市民の共通の利益（幸福）のみを志向しなければならないことを示している。なぜならば、市民間の共通の利益こそが、本来、自然状態（state of nature）において独立した存

在である自然人各人があえて集合・結合して社会という組織を構成することの動機となっているからである。社会の構成員たる市民間の共通の利益こそが市民同士をつなぐ絆なのである。この一般意志が正しく政治において機能する社会においては、定言的命法が適用されているといえる。なぜならば、既述において指摘した「同時に義務である目的」の概念が示すように、定言的命法とは、究極的には人類的見地からみて人間共通の幸福（利益）を志向するものだからである。

このような人類的見地からみての人間共通の幸福という考え方、つまり、我々の共通の目的という理念は、企業倫理に対するカント哲学的アプローチの既存の議論においても論じられている。宮坂は次のように指摘する。「資本主義企業は、利潤追求が正当化され（マーケット倫理）、その目的が手段を正当化（目的―手段倫理）することが当然であると観念されている世界である。このような世界では個人倫理と組織倫理の対立が生じ、多くの場合個人のモラル規範が負け、『非モラル的』行動が発生することになる」が、「このような事態を変革するためには『共通の目的』の見直しが必要になる。なぜならば、個別企業の利潤追求という今日の段階では『共通の』目的とはなりえない企業目的がいまだに個々の企業活動の暗黙の『前提』とされその意味が問われていないからである。例えば、企業の行動を変えるための『1つの』方法として企業評価が考えられ、そして現実にも、社会貢献評価、環境評価、等々が実施されている。だがそれらは、結論的に言えば、そのままでは絶対に『有効に』機能しないであろう。なぜならば、そのような評価を含めてそもそも評価とは企業の目的が明確にされていて初めて意味があるものであるからである。したがって、新しい評価体系（指標）を確立し企業の在り方を変えようとするならば、まずその前提条件として、企業の目的についてあらたに大方の合意が形成されていることが必要になってく

るのである」[20]。

　宮坂は「企業倫理学」や利害関係者論のそもそもの目的が、このような「共通の目的」の再検討にあるという点を指摘し、利害関係者論的立場からの企業倫理問題へのアプローチを志向するフリーマン（Freeman, R. E.）のカント哲学的な利害関係者論[21]の意義を次のように規定している。「フリーマンの立場は個々のビジネス上の実践が倫理に適っているか否かを検討することではなく、ビジネスと倫理を一体としてとらえ考えることにある。言葉を変えて言えば、企業の目的それ自体を倫理的に把握し直すこと——これがフリーマン（＝ステークホルダー・セオリー）の問題提起であり、それは同時に、（社会的責任論が主張してきた）経済的責任のうえに社会的責任そして倫理的責任を積み上げるという方式（段階的積上式発想）では、企業は good な方向に変わらない、というフリーマンの社会的責任論批判にたいする彼自身の解答である」[22]。

第2項　組織的人格の倫理的責任の源泉

　社会において自らの行為の過程と帰結（結果）に責任を負うことが可能な主体は人格である。人格とは、自由な意志（意思）にもとづいた自律的な行為が可能で、しかもその行為の過程と帰結について責任を負うことが可能な存在のことである。

　人格には、自然人個人の人格と合議体のような組織的人格とがある。

　まず、自然人個人の人格は責任を負うことが可能である。これは（民事・刑事における法的責任にみられるように）法律にもとづく事実である。また、法律論を別としても、自然人が社会において本質的に責任を負うことが可能であることは明らかである。自然人は普遍的な人間理性を有するものである。そして、自然人はその理性にもとづいて定言的命法に従って普遍的な道徳法則に適った個人的な意志の指針（格律）を見い出

すことが可能なのである。

　つまり、自然人は理性の使用により物事について客観的に正しい判断をすることが可能なのであるが、しかし、そうでありながら特定の問題についてその判断を誤るときに、その判断に関する自らの行為の過程と帰結に責任を負うことになるのである。

　人間理性は客観的に正しいことを見い出すことが可能なものであるから、特定の問題について自然人がその判断を誤るということは、理性の使用をその自然人が怠ったということを意味する。つまり、その特定の問題について客観的な判断をしなかったという恣意性（誤った主観性）、あるいは、判断に理性を使用しないというその態度（怠慢）に、責任が課せられる原因が存在するのである。ある特定の問題について、自然人が客観的な理性の使用を怠るということに、自然人が負う責任の源泉が存在するのである。

　では、組織的人格は自然人と同じようにして責任を負うことが可能であるのか。この問題は、言い換えるならば、組織的人格は自然人と同じように理性を使用することが可能なのか、ということである。つまり、自然人ではない組織的人格が、自然人と同じように（理性を使用することと同義である）定言的命法に従うことは可能なのか、ということである。

　既述のように、自然人の道徳的判定の原理（理性を使用すること、つまり、定言的命法に従うこと）自体が、自然人に責任が生じる源泉なのである。つまり、自然人の道徳的判定の原理が自然人に責任を負わせるということである。もし、組織的人格が責任を負うことが可能であるならば、この場合も同様に、組織的人格の道徳的判定の原理が組織的人格に責任を負わせているということになる。つまり、組織的人格の責任の源泉は、自然人個人の人格の責任の源泉と同じように、理性の使用可能性（客観

的判断の可能性）にあるということである。

　しかしながら、もし、組織的人格の道徳的判定の原理が自然人個人の人格の道徳的判定の原理と本質的に異なるものであった場合、組織的人格は責任を負わないことになる。なぜならば、この場合が意味するところは、組織的人格には自然人個人の人格と同じような理性的な判断はできない、つまり、組織的人格には定言的命法は適用できないということだからである。

　しかし、既述において指摘したように、組織的人格に定言的命法の適用は可能なのである。つまり、自然人個人の人格の道徳的判定の原理と組織的人格の道徳的判定の原理とは本質的に同じものなのである。したがって、組織的人格は自らの自発的な行為の過程および帰結について責任を負うことが可能な主体であるといえるのである。組織的人格においても事実上の理性の使用（定言的命法の適用）が可能であるので、組織的人格には自らの自発的行為についての責任が生じるのである。理性の使用可能性が、組織的人格の責任の源泉となるのである。

第3項　資本の論理と経営意思の自由との二律背反の問題

　資本の論理（ここでは、非人為的な自然的作用・法則として企業活動を事実上規定する、企業の営利追求原則や市場原理のことなどを指す）という、いうなれば自然的な因果の法則によって企業活動が規定されているのであれば、企業に対してその社会的あるいは倫理的な責任を問うことが難しいという見解は成り立ちうるだろう。その一方で、企業経営には経営意思の自由が認められており、いかなる企業の意思決定も自らの自発的な判断によるものであるとするならば、企業に対してその社会的あるいは倫理的な責任を問うことが可能であるという見解もまた、成り立ちうるだろう。このように、企業の責任については、資本の論理という事実

上の自然的な因果の法則と、経営意思の自由にもとづく企業活動の因果性（自由にもとづく因果）との、どちらを認めるかによって、その議論が大きく二分されるだろう。

　カントの批判哲学の議論から円谷は次のように指摘する。カントによれば（悪意のある嘘などの）「これらの行為は、アプリオリな形式的原理すなわち普遍的法則によって意志が規定される行為ではなく、行為主体に応じてその内容がそのつど異なる自然必然的な傾向性というアポステリオリ（後天的・経験的：著者）な実質的原理によって意志が規定される行為なのである。ところがもしもこれらの行為が」人間への自然による他律に適った「行為であるとするならば、その場合には、自然必然性に従う自然事物の現象に関してその責任を問うことが無意味であるのと同様に、これらの行為に関しても、責任を問うことができなくなってしまうのではなかろうか。なぜならば、これらの行為は、自然必然的な現象であるかぎり、意志の自由によってなされた行為と見なすことができなくなるからである。このことはまた」人間の行為を動物の行為と同じように理解することでもある[23]。

　しかし、人間の行為と動物の行為では明らかに違いがある。人間は理性にもとづいて普遍的に正しいと認められる道徳法則に適った意志の指針（格律）を見い出すことができる。このような人間理性の働きは、人間の自由にもとづく因果を前提として初めて成り立つものである。なぜならば、道徳法則は、自然法則のようにその法則の対象を一方的かつ絶対的に拘束することによって実現されるものではなく、人間自身がその道徳律を自らに自発的に適用することによって実現されるものだからである。この自発的という点が、人間の自由の実在性を示している。

　「カントが自然的欲求や衝動に従う人間の行為を、法則に反した行為だと表現し、それゆえ、反法則的行為を責任の問いうる行為だと認めて

いるかぎり、彼は、それらの行為が『自然の因果性』に従う自然現象と同じ意味において、自然必然性に従った現象だと見なしているのではなく、むしろそこに、『自由の因果性』、延いては『意志の自由』を見届けていたということになろう」[24]。カントは次のように述べている。「かれの意思〔選択意志〕から生ずることはすべて（もちろん故意に犯された行為はいずれも）幼少時代からその現象（行為）においてかれの性格を表示する自由な因果性を基礎にもつのだということを前提としなければ、起こりえなかったことだろう。これらの現象からは、ふるまいが一様であることによって一つの自然連関が感知できるが、しかしそれは意志の性の悪さを必然的なものとするものではなく、むしろ悪くしかも容易に動かしがたい一連の原則が意志の自由によって採用されたことの結果であり、それらはその意志をただその分だけますます非難すべきものとし、罰に値するものとするのである」[25]。

　人間には本質的に自由があり、この自由にもとづいて自らの行為を規定する原則（因果律）を自己規定できるのである。人間がこの自由にもとづいて悪しき行為を選択してしまった場合には、責任（罪）が生じるのである。

　「こうしてカントは、『道徳法則に従う行為』における意志の自由のみならず、『道徳法則に反する行為』のうちにも意志の自由を認めていたことになる。そうだとすれば」、「あらゆる意志規定の根底には『意志の自由』が存していることになろう」[26]。

　自然人個人の人格だけではなく、組織的人格に対しても同様の原理にもとづいて、その行為の責任を問うことができる。既述のように、組織的人格もまた自然人個人の人格と同じようにその意志決定に際しては理性を使用することが可能なのである。つまり、理性を使用しない自由もまた存在するのである。理性を使用しない場合の組織的人格の意志は不

祥事や犯罪をいずれ生み出し、結果としてその責任が問われることとなろう。このとき、資本の論理という自然的な因果の法則は企業の責任問題に対して直接的な関係をもたない。なぜならば、問題行為の責任は、そのような問題行為を自ら選択したという、その人格の自由のあり方に基因するからである。

　我々人間の本質的な自由と、いかなる例外もありえない厳然たる自然の法則とが、ともに同時的に世界において存在しているように、企業の経営意思の自由と資本の論理とは、ともに同時的に存在しているのである。人間が自由にもとづいて現実世界で物理的な行為を行うとき、当然そこでは物理学の法則が働くのと同じように、企業においても経営意思の自由にもとづいて企業活動が成されるときに、資本の論理という自然的な法則が企業活動に影響を与えるのである。もし、資本の論理によって企業の経営意思が絶対的に強制されているとするならば、逆らうことのできない本能にもとづいて生きる動物に責任がないように、企業の責任を問うことは本質的に難しくなる。しかし、企業には間違いなく、経営意思の自由が存在するのである。

　ところでカントは、自由について、彼自身の本来の主張の意図とは相容れない記述を残している。

　「内的外的な行為によって示されるある人間の心がまえについて、われわれが深い洞察をもつことができ、それらの行為にたいするあらゆる動機、極微な動機すらをも知り、さらにそれらの行為に影響をおよぼすすべての外的誘因を知るならば、未来におけるこの人間のふるまいが月食や日食のように確実に算出できるだろうということは認めることができるが、そうなってもなおかつ、この人間が自由であると主張できることにかわりはない」[27]。

　井上はこの記述（議論）についてその誤りを指摘している。まず、こ

の記述は「因果決定論的なこの経験的現象の世界については、我々は全てのことを認識しうるという立場に立ってなされている。だがしかし一つの経験的対象（例えば一人の人間、一個の石）についてさえ、それに関する全てのことを完全に認識しうるであろうか」。「もしなしうるとすれば、それは一つの経験現象の全体的な認識になるであろうが、これは経験の立場からは原理的になしえない。なぜならそれは、正しくカントが認識批判的に明らかにしたように、経験を超えた認識従って超越論的仮象であろうから。経験の全体的な認識は、理念として経験的には不可能である。従ってカントの議論は、論過であり、それ自身超越論的仮象の認識であろう」[28]。さらに井上は、もしこのカントの記述の通りに、全ての経験的情報から全ての出来事を正確に予測できるとするならば、人間の行為に自由があるとはいえないことを指摘する。なぜならば、全ての経験的情報から全てを知りうるとすることは、まさに神の立場に立っていることに等しく、それは当然の帰結として、「全ては必然的であり、自由を語る余地はない」ということになるからである[29]。

　しかし、自然人個人の人格にも組織的人格にも、自由は間違いなく存在する。本質的に自由である人間によって構成される組織的人格としての企業が、経営意思の自由にもとづいて企業活動を展開するときに起こした社会的あるいは倫理的な問題についての責任の一切は、企業自身にのみ由来するといえるのである。

第４項　企業倫理に関するカントの道徳哲学的教理

　カントの道徳哲学は難解なものであり、我々にはこの人倫の形而上学に対する理解を促進する哲学的教理が必要とされる。カントは人倫の形而上学に対する一般の理解を促進するために、『人倫の形而上学』において「道徳的教理問答の断片」を表している。カントの人倫の形而上学

の思想について分かり易く記された「道徳的教理問答の断片」を、人倫の形而上学を企業倫理の問題へ応用するという視点から大幅に加筆・改編すると、次の図表-15のようになるであろう。

図表-15 企業倫理に関するカントの道徳哲学的教理問答

1）問い：企業における最大の願望は何か。
　　答え：企業活動に関する万事が願い通りとなり、望み通りに利益が追求できること。
2）問い：そのような状態は、いかなる結果を生むか。
　　答え：それは莫大な利潤をその企業にもたらす。
3）問い：では、もし、企業活動に関する万事が願い通りとなることを可能とする経営者がいたら、そのような経営者は、それによって生み出し、得られる利潤を全て自分の企業の利益にするか、あるいは他の企業にも分配しようとするか。
　　答え：経営者は他の企業に利潤を分配しない。しかし、所有者たる株主に利潤の一部は還元するべきである。また、株主以外の利害関係者にも、できるだけ利潤を分配するべきである。決して、経営者が利潤の全てを独占すべきではない。
4）問い：もし、利潤の分配についてそのように対応する経営者がいたならば、そのような経営者は（自己の利得の追及のみに走らない）分別をもった良い経営者であると理解ができる。しかし、では、そのような経営者は株主や他の利害関係者に利潤を分配するときにも分別があるであろうか。つまり、過剰に配当を要求する不当な株主や就業中に怠慢が目立つ従業員にも、彼らの要求する通りにして、利潤を分け隔てなく分配するのだろうか。
　　答え：いや、そのようなことはしないだろう。
5）問い：例えその経営者が、分別をもった良い経営者であったとしても、彼はその利潤を、手を伸ばす誰彼に、考えもなしに渡してしまうということはない。まず最初に、各人（株主や利害関係者）がどこまで利潤の享受に値するのかを調べるであろう。だがそこでこの経営者は、そもそも彼（経営者）自身が本当にその利潤を受けるに値する存在であるか、ということを考えるだろうか。
　　答え：もちろん、ここで例示しているような分別をもった良い経営者ならば、きっとそのようなことも考えるだろう。

問い：ところで、人間のうち（精神）にあって、専ら個人的な利益（幸福）を追求するものは欲求である。しかし、自らが幸福を享受するに値する立派な存在となるべきであるという条件へと、人間の欲求を制限しているものは、人間の理性なのである。そして、人間の理性によって自分の欲求を制限し、かつ制圧しうるということこそ人間の意志の自由（自律）ということである。

6）問い：さて、経営者が幸福に値する存在となり、利潤を受け取る正当性を獲得するためには、どうしたらよいのか。このことを知るための規則や教示は、ただ経営者自身の理性のうちにだけある。ということはすなわち、こうした経営者自身の行動の規則を経験から、あるいは他人の指導により学習する必要はないということである。なぜならば、自分や他人の経験にもとづく教示は、後天的なものであって環境などに左右される非客観的なものであるから、万人が納得するものとはならないからである。理性は人間に普遍的に備わっているものであるから、理性による思考だけが誰にとっても正しい客観的な教示を導き出す。経営者自身の理性が彼に向かって、まさしく彼の成すべきことを教え、そして命令するのである。

7）問い：理性の法則に従って行為するよう、理性によって人間に直接に課せられたこの必然性は、何と名づけられるか。

答え：義務と名づけられる。

問い：そうすると、経営者にとって人間としての自分の義務を遵守することは、彼が幸福に値する存在となるための唯一の普遍的な条件ということになる。

8）問い：では、人間としての義務を反映する形で認められる経営者の義務にはいかなるものがあるのか。

答え：それは基本的には次の四つのように例示される。

　①自己に対する内的完全義務の例…「自社を存続させるためならばいかなる手段も認められる」という経営者の格律（個人的方針・信条）は義務に反するかどうか。

　　→経営者のこのような格律は普遍的な法則とはならない。なぜならば、この格律は自社愛の精神にもとづくものでありながら、その一方で（可能性として）自社を辱めるような自社の企業活動をも認めるものであり、明らかに自己矛盾（自社愛≠企業犯罪・企業不祥事）しているからである。

　②他人に対する外的完全義務の例…「他社との競争に勝つためには

偽りの約束をしてもよい」という経営者の格律は義務に反するかどうか。

　　→もし、経営者のこのような格律が普遍的な法則となれば当の約束自体が成立不可能となる。このような格律は、取引などの経済的な活動を破壊するものであり、普遍的な法則とはならない。

③自己に対する内的不完全義務の例…才能ある経営者が経営手腕の自己開発に努めないことは義務に反するかどうか。

　　→この例の場合、自分の才能を開発しないという経営者の格律が普遍的な法則となっても人類社会の健全な存続や発展は可能なので、格律の普遍化可能性による判定は難しい。ここでは、その格律が普遍化されることを経営者自身が意欲できるかどうかが問われるのであり、この点からみた場合、理性的存在者としての経営者の判断としてはこのような格律は意欲されないだろう。本質的に経営者自身に意欲されない格律は、認められない。

④他人に対する外的不完全義務の例…自社が十分な利潤を獲得したときに、株主や他の利害関係者の利益に無関心であることは義務に反するかどうか。

　　→確かに株主や他の利害関係者への利潤の分配は絶対的な義務ではない（利潤の分配の可否の判断は基本的に経営者に委ねられている故に）。しかし、経営者のこのような格律が普遍的な法則となることを意欲することは理性的存在者としての経営者の判断として妥当ではない。つまり、ここでもこの格律に対する経営者自身の意欲が問われるのである。

9) 問い：人間としての経営者が、それによって自分が幸福であることに値すると思えるような、能動的な善意志を実際に意識しているとしても、彼はまた、こうした意識にもとづいて、必ず幸福になれる、つまり企業活動を通じて必ず利潤を獲得できるという確かな希望をもつことができるか。

　　答え：そうした意識だけでは経営者は幸福になれない。なぜならば、企業が利潤を手に入れることは、必ずしも経営者の個人的能力だけで実現できるものではないからだ。つまり、複雑かつ不確実で多様な経営環境のもとで、偶然的な物事の恩恵や洗礼をも受けながら企業活動を継続していかなければならない現実は、確実な利潤の獲得から

> 　企業を遠ざけるということである。
> 10）問い：では、経営者はどのようにこの現実に対して向き合わなければならないのか。
> 　答え：経営者にできることは、また同時に彼が成すべきことでもあるのは、ただ、自らが幸福に値する存在になろうと努力することである。その真摯な姿勢のみが、彼を幸福にする可能性をもたらすだろう。また、経営者のそのような姿勢は、彼以外の他人の幸福（他人一般の幸福＝人類共通の幸福）にも資するものである。

出所：次の文献を参考に著者作成。Kant, I., Die Metaphysik der Sitten（Herausgeber: Paul Natorp）1797, in: Kant`s Gesammelte Schriften,Band Ⅵ, Herausgegeben von der Königlich Preußischen Akademie der Wissenschaften, 1914, pp.480-482.（樽井正義・池尾恭一訳『カント全集 11　人倫の形而上学』岩波書店、2002 年、374-377）。

　本章では、カントの批判哲学における道徳哲学である人倫の形而上学において、究極的な道徳的原理として提示される定言的命法に内在する論理を、企業倫理の問題に応用することを試みた。しかしながら、この定言的命法は、理性偏重、形式依存の道徳的原理であるために、批判されることがある。

　井上はそのような批判について次のように述べている。カントの定言的命法については「周知のように、しばしば次のような批判が提出される。曰く、あまりに抽象的形式主義的で内容空虚である。あまりに普遍主義的で観念的な義務倫理である。あまりに個人（感性）無視の理性主義である。かと思えば、次のような批判も提出される。曰く、あまりに個人の内面的心術の重視しすぎである。あまりに動機重視の心情主義である。あまりに現実無視の理想主義である。あまりに結果無視の動機主義である。——かかる双方の批判が、奇妙なことに相互に対立し合う態のものであることは興味深い。では、何故このような事態が出現するのか。簡単に言えば、これは」定言的命法の「二重規制的構造に対する

無理解に起因しているのである。前者の批判は、格率（格律：著者）の普遍化という適合性（適法性）のみにあまりに注目して、『意欲』の契機を忘失しているのであり、後者の批判は、倫理的義務が基本的に格率（格律：著者）の普遍化という適合性をパスするために、むしろ『意欲』の自律的契機（心術性）をあまりに重視しすぎるためのものである」[30]。

　菊池はこの論点に関して、定言的命法に次のような弁護を与えている。カントの定言的命法からは「道徳的な義務が経験的な条件を捨象していくことによって達せられる地平であること、そして格律の普遍化可能性を反省吟味することが、自己を経験的なものとしてではなく、理性的存在者の一人として捉える手続きであること、こうした決定的に重要な洞察を得ることができる。性別、年齢、地位、役職、貧富、民族、国籍その他、人間はさまざまの経験的な条件を担っている。また、学校や職場や家庭や商店など、人間同士が関係し合う場面も、経験的にさまざまで、そのつどすべて個別的に異なっている。人間が道徳的に行為するというのは、まず何よりも、こうした経験的な条件や状況を超越して、理性的な存在者の一員として自分を見直す視点に立つことを意味する。カントの形式主義は、それに実質的な内容を与え返すことによって弁護されるべきものではなくて、むしろその形式主義を徹底させて、その重要な意味を正しく理解することで弁護されるべきなのである」[31]。

　形式主義であるとして、定言的命法を批判することは妥当ではない。では、定言的命法という実践的な道徳法則は、法則という因果律の形式であって、道徳の基準ではないのか。

　この論点については高田が次のような見解を提示している。「カントの定言的命法を『道徳基準』として考えるとすれば、どのように理解すればよいのか。定言的命法を道徳基準と見るとすれば、定言的命法すなわち実践的道徳法則そのものを道徳基準と見ることになるが、それでよ

いのか。私見では、それでよいとおもう。なぜなら、カントの定言的命法は善に至る実践的客観的原理＝実践的道徳法則であるから、定言的命法に則ることによってのみ善をなすことができるのであり、それ以外の主観的原理（そのなかに功利原理、幸福原理がある）によって善に至り得ないとカントは見ているからである」[32]。

　いずれにしても、カントが示す道徳的原理における理性主義・形式主義は、特定の特殊的（非一般的）な価値判断基準に固執するという、我々が一般に陥りがちな問題に対して大きな意味を有するものであろう。定言的命法に則って、普遍的な道徳法則に格律（自らの意志の指針）が適合するように努めるべきであるという論理は、我々に普遍的に通用する因果律（法則）というものが有する意義を示してくれる。人間はときに特定の人々の価値観が世界的に通用する普遍的なものであると確信するが、果たしてそこには客観的根拠があるのか、という問題が存在する。我々はむしろ、特定の価値観ではなく、純粋に理性的にみて普遍的な因果律となるかどうかということによって、物事の道徳的妥当性を判定するべきではないのか。このような重要な論点をカント哲学から見い出すことができるのである。

注
　1）　詳しくは次の文献を参照（山下裕介『企業倫理研究の論理―経営学と倫理学
　　　との包括的アプローチ―』駒澤大学博士学位請求論文、2008 年 3 月 25 日）。
　2）　この語はカントの議論に依拠する限りにおいて、人間の先天的・生得的ある
　　　いは先験的な概念にもとづく理性の認識に関する学問的議論のことを指すもの
　　　として用いる。
　3）　坂部恵『カント』講談社、2001 年、220 ページ参照。
　4）　1. Aufl：Kant, I., *Kritik der reinen Vernunft* von Immanuel Kant, Professor in
　　　Königsberg. Riga, verlegts Johann Friedrich Hartknoch, 1781, in: *Kant's Gesammelte*
　　　Schriften, Band Ⅳ, Herausgegeben von der Königlich Preußischen Akademie der

Wissenschaften, 1904-11, pp.1-252（第一版の冒頭から「純粋理性の誤謬推理」の章までのテキスト）。2. Aufl：Kant, I., *Kritik der reinen Vernunft* von Immanuel Kant, Professor in Königsberg, der Königl. Academie der Wissenschaften in Berlin Mitglied. Zweite hin und wieder verbesserte Auflage. Riga, bey Johann Friedrich Hartknoch, 1787, in:*Kant`s Gesammelte Schriften,* Band Ⅲ, Herausgegeben von der Königlich Preußischen Akademie der Wissenschaften, 1904-11, pp.1-552（第 二 版のテキスト全部）。（有福考岳訳『カント全集 4　純粋理性批判 上』岩波書店、2001 年。有福考岳訳『カント全集 5　純粋理性批判 中』岩波書店、2003 年。有福考岳訳「純粋理性批判 下」有福考岳・久呉高之訳『カント全集 6　純粋理性批判 下　プロレゴーメナ』岩波書店、2006 年、1-130 ページ）。

5) Kant, I., *Prolegomena zu einer jeden Künftigen Metaphysik, die als Wissenschaft wird auftreten können.* Herausgegeben von Benno Erdmann, 1783, in: *Kant's Gesammelte Schriften,* Band Ⅳ, Herausgegeben von der Königlich Preußischen Akademie der Wissenschaften, 1911, pp.253-383.（久呉高之訳「プロレゴーメナ」有福考岳・久呉高之訳『カント全集 6　純粋理性批判 下　プロレゴーメナ』岩波書店、2006 年、181-372 ページ）。

6) Kant, I., *Grundlegung zur Metaphysik der Sitten*（Herausgeber: Paul Menzer）1785, in: *Kant's Gesammelte Schriften,* Band Ⅳ, Herausgegeben von der Königlich Preußischen Akademie der Wissenschaften, 1911, pp.385-463.（平田俊博訳「人倫の形而上学の基礎づけ」坂部恵・平田俊博・伊古田理訳『カント全集 7　実践理性批判　人倫の形而上学の基礎づけ』岩波書店、2000 年、1-116 ページ）。

7) Kant, I., *Kritik der praktischen Vernunft*（Herausgeber: Paul Natorp）1788, in: *Kant's Gesammelte Schriften,* Band Ⅴ, Herausgegeben von der Königlich Preußischen Akademie der Wissenschaften, 1908, pp.1-163.（坂部恵・伊古田理訳「実践理性批判」坂部恵・平田俊博・伊古田理訳『カント全集 7　実践理性批判　人倫の形而上学の基礎づけ』岩波書店、2000 年、117-357 ページ）。

8) Kant, I., *Die Metaphysik der Sitten*（Herausgeber: Paul Natorp）1797, in: *Kant's Gesammelte Schriften,* Band Ⅵ, Herausgegeben von der Königlich Preußischen Akademie der Wissenschaften, 1914, pp.203-493.（樽井正義・池尾恭一訳『カント全集 11　人倫の形而上学』岩波書店、2002 年）。

9) Kant, I., *Immanuel Kants physische Geographie. Auf Verlangen des Verfassers aus seiner Handschrift herausgegeben und zum Theil bearbeitet von D. Friedrich Theodor Rink.*（Herausgeber: Paul Gedan）1802, in: *Kant's Gesammelte Schriften,* Band Ⅸ, Herausgegeben von der Königlich Preußischen Akademie der Wissenschaften, 1923,

pp.151-436.（宮島光志訳『カント全集 16 自然地理学』岩波書店、2001 年）。

10) Kant, I., *Anthropologie in pragmatischer Hinsicht, abgefaßt von Immanuel Kant.* (Herausgeber: Oswald Külpe) 1798, in: *Kant's Gesammelte Schriften,* Band Ⅶ, Herausgegeben von der Königlich Preußischen Akademie der Wissenschaften, 1917, pp.117-333.（渋谷治美訳「実用的見地における人間学」渋谷治美・高橋克也訳『カント全集 15 人間学』岩波書店、2003 年、1-331 ページ）。

11) Kant, I., *Kant's Gesammelte Schriften,* Band Ⅳ, p.421. 平田俊博訳「人倫の形而上学の基礎づけ」、前掲訳書、53-54 ページ。なお、定言的命法には他の法式も存在する。

12) Kant, I., *Kant's Gesammelte Schriften,* Band Ⅳ, p.421. 平田俊博訳「人倫の形而上学の基礎づけ」、前掲訳書、54 ページ。

13) 井上義彦『カント哲学の人間学的地平』理想社、1990 年、201-203 ページ参照。

14) 井上義彦、前掲書、195-226 ページ参照。

15) Kant, I., *Kant's Gesammelte Schriften,* Band Ⅵ, p.385. 樽井正義・池尾恭一訳、前掲訳書、249 ページ。

16) Kant, I., *Kant's Gesammelte Schriften,* Band Ⅵ, p.386. 樽井正義・池尾恭一訳、前掲訳書、250 ページ。

17) Kant, I., *Kant's Gesammelte Schriften,* Band Ⅵ, p.389. 樽井正義・池尾恭一訳、前掲訳書、254 ページ。

18) Rousseau, J. J., *Du Contrat social ou Principes du droit politique,* 1762, in: Vaughan, C. E., *The Political Writing of Jean-Jacques Rousseau, with Introduction and Notes,* 2vols, Cambridge, 1915.（桑原武夫・前川貞次郎訳『社会契約論』岩波書店、1954 年）。なお、「一般意志」の概念は、今日では専ら次のように解釈されている。「一般意志とは、『つねに公共の利益のみをめざす共同体の意志』を指し、私的な利益を追求する『特殊意志』はもとより、特殊意志の総和にすぎない『全体意志』とも峻別されたものとして理解されなければなりません」（山脇直司『公共哲学とは何か』筑摩書房、2004 年、64-65 ページ）。

19) 小林によると、16 世紀以来、ジュネーブ共和国には次の五つの階級があったようである。それは、①「市民」（citoyen：ジュネーブで生まれ、市民または町民の子息である者）②「町民」（bourgeois：市民または町民の子息で、ジュネーブの外で生まれた者）③「出生民」（natif：住民の子息で、ジュネーブで生まれた者）④「住民」（habitant：外国人でジュネーブに居住を許された者）⑤「隷属民」（sujet：市外のジュネーブ領に住む農民や傭兵など）である。このうち、

市民と町民のみが「全体会議」（Conseil Général）の投票権があり、参政権があったが、主要な役職に就くことができるのは市民だけである（小林善彦『誇り高き市民 ルソーになったジャン＝ジャック』岩波書店、2001年、4ページ）。ルソーは自らの著作にジュネーブ市民と明記していることなどから、市民としての誇りを重要視していたようであるが、実際には、彼の理想とは違い、当時のジュネーブ共和国は一部の特権的市民による事実上の寡頭制（少数独裁制）政治が行われていたことに注意しなければならない。

20）宮坂純一『ビジネス倫理学の展開』晃洋書房、1999年、139ページ。

21）フリーマンの代表的文献には次のものがある（Evan, W. M. and Freeman, R. E., "A Stakeholder Theory of the Modern Corporation:Kantian Capitalism", Beauchamp, T.L. and Bowie, N. E. eds., *Ethical Theory and Business*, 3rd ed, Prentice-Hall, 1988, pp.97-106）。なお、企業倫理問題へのカント哲学的研究を発展させたものとしてはボウイ（Bowie, N. E.）の次の文献がある（Bowie, N. E., *Business Ethics: A Kantian Perspective*, Blackwell, 1999. 中谷常二・勝西良典監訳『公益ビジネス研究叢書2　利益につながるビジネス倫理―カントと経営学の架け橋―』晃洋書房、2009年）。

22）宮坂純一、前掲書、139-140ページ。

23）円谷裕二「カント倫理学における二元論の陥穽と〈理性の事実〉」千田義光・久保陽一・高山守編『講座 近・現代ドイツ哲学Ⅰ―カントとドイツ観念論―』理想社、2004年、31ページ。

24）円谷裕二、前掲書、32ページ。

25）Kant, I., *Kant's Gesammelte Schriften,* Band Ⅴ, p.100. 坂部恵・伊古田理訳「実践理性批判」、前掲訳書、268ページ。

26）円谷裕二、前掲書、33ページ。

27）Kant, I., *Kant's Gesammelte Schriften,* Band Ⅴ, p.99. 坂部恵・伊古田理訳「実践理性批判」、前掲訳書、267ページ。

28）井上義彦、前掲書、178-179ページ。

29）井上義彦、前掲書、179-180ページ。

30）井上義彦、前掲書、213ページ。

31）菊池惠善「道徳の根拠をめぐる問い―カントとヘーゲルの対立を超えて―」千田義光・久保陽一・高山守編、275ページ。

32）高田馨『経営の倫理と責任』千倉書房、1989年、62ページ。

参考文献

洋文献

Ackerman, R. W. and Bauer, R. A., *Corporate Social Responsiveness: The Modern Dilemma*, Reston Publishing Company, 1976.

Aguilar, F. J., *Managing Corporate Ethics: Learning from America's Ethical Companies How to Supercharge Business Performance*, Oxford University Press, 1994. （水谷雅一監訳、高橋浩夫・大山泰一朗訳『企業の経営倫理と成長戦略』産能大学出版部、1997 年）。

Beauchamp, T. L. and Bowie, N. E. eds., *Ethical Theory and Business*, 3rd ed, Prentice-Hall, 1988.

Beauchamp, T. L. and Bowie, N. E. eds., *Ethical Theory and Business*, 5th ed, Prentice-Hall, 1997. （加藤尚武監訳『企業倫理学 1—倫理的原理と企業の社会的責任—』晃洋書房、2005 年。梅津光弘監訳『企業倫理学 2—リスクと職場における権利・義務—』晃洋書房、2001 年。中村瑞穂監訳『企業倫理学 3—雇用と差別／競争と情報—』晃洋書房、2003 年）。

Bowen, H. R., *Social Responsibilities of The Businessman,* Harper & Brothers, 1953. （日本経済新聞社訳『ビジネスマンの社会的責任』日本経済新聞社、1959 年）。

Bowie, N. E., "A Kantian Theory of Capitalism", *Business Ethics Quarterly*, The Ruffin Series Special Issue, No.1, 1999, pp.37-60.

Bowie, N. E., *Business Ethics: A Kantian Perspective*, Blackwell, 1999.

Brummer, J. J., *Corporate Responsibility and Legitimacy: An Interdisciplinary Analysis*, Greenwood Press, 1991.

Buchholz, R. A., *The Essentials of Public Policy for Management*, 2nd ed., Prentice-Hall, 1990.

Carroll, A. B., "The Pyramid of Corporate Social Responsibility: Toward the Moral Management of Organizational Stakeholders", *Business Horizons*, Vol.3, No.4, 1991, pp.39-48.

Carroll, A. B., "Social Issues in Management Research: Experts' Views, Analysis, and Commentary", *Business and Society*, Vol.33, No.1, 1994, pp.5-29.

Carroll, A. B. and Buchholtz, A. K., *Business and Society: Ethics and Stakeholder*

Management, 5th ed., South-Western, 2003.

Carson, R. L., *Silent Spring*, Houghton Mifflin, 1962. (青樹簗一訳『生と死の妙薬―自然均衡の破壊者科学薬品―』新潮社、1964 年)。

Committee for Economic Development, *Social Responsibilities of Business Corporations: A Statement on National Policy by The Research and Policy Committee for Economic Development*, June 1971. (経済同友会編訳『企業の社会的責任』鹿島研究所出版会、1972 年)。

Denham, R. E., "Remarks Before the 20th Annual Securities Regulation Institute", Coronado, CA, January 21, 1993. ＊これは公刊されていない手稿である。

Donaldson, T. and Dunfee, T. W., *Ties That Bind: A Social Contracts Approach to Business Ethics,* Harvard Business School Press, 1999.

Driscoll, D. M. and Hoffman, W. M., *Ethics Matters: How to Implement Value-Driven Management,* Center for Business Ethics, Bentley College, 2000. (菱山隆二・小山博之訳『ビジネス倫理 10 のステップ』生産性出版、2001 年)。

Epstein, E. M., "The Corporate Social Policy Process: Beyond Business Ethics, Corporate Social Responsibility, and Corporate Social Responsiveness", *California Management Review*, Vol.29, No.3, Spring 1987, pp.99-114. (「経営社会政策過程―企業倫理・経営社会責任・経営社会即応性を超えて―」中村瑞穂・風間信隆・角野信夫・出見世信之・梅津光弘訳『企業倫理と経営社会政策過程』文眞堂、1996 年、1-21 ページ)。

Frankena, W. K., *Thinking About Morality*, University of Michigan Press, 1980. (飯田亘之・デウルフ，C. M.・小野谷加奈恵訳『道徳についての思考―倫理と合理性―』東海大学出版会、1995 年)。

Frederick, W. C., "The Growing Concern over Business Responsibility", *California Management Review*, Vol.2, No.4, 1960, pp.54-61.

Frederick, W. C., "Toward CSR3: Why Ethical Analysis is Indispensable and Unavoidable in Corporate Affairs", *California Management Review*, Vol.28, No.2, 1986, pp.126-141.

Frederick, W. C., "Moving to CSR4:What to Pack for the Trip", *Business and Society*, Vol.37, No.1, 1997, pp.40-59.

Frederick, W. C., *Corporation, Be Good！: The Story of Corporate Social Responsibility*, Dog Ear Publishing, 2006.

Freeman, R. E., *Strategic Management: A Stakeholder Approach*, Pitman, 1984.

Freeman, R. E., "Divergent Stakeholder Theory", *Academy of Management Review*, Vol.24,

参考文献　　125

No.2, 1999, pp.233–236.

Freeman, R. E., "Business Ethics at the Millennium", *Business Ethics Quarterly*, Vol.10, No.1, 2000, pp.169–180.

Freeman, R. E., and Gilbert, D. R. Jr., *Corporate Strategy and the Search for Ethics: Comments on Corporate Governance and the Search for Ethics*, Prentice-Hall, 1988. (笠原清志監訳『企業戦略と倫理の探求』文眞堂、1999 年)。

Freeman, R. E., and Liedtka, J., "Corporate Social Responsibility: A Critical Approach", *Business Horizons*, Vol.34, No.4, 1991, pp.92–98.

Freeman, R. E. ed., *Business Ethics: The State of the Art*, Oxford University Press, 1991.

Friedman, M., *Capitalism and Freedom*, University of Chicago Press, 1962.（熊谷尚夫・西山千明・白井孝昌訳『資本主義と自由』マグロウヒル好学社、1975 年)。

Friedman, M., "The Social Responsibiliy of Business Is to Increase Its Profits", *The New York Times Magazine*, September 13, 1970.

Harrison, J. S., and Freeman, R. E., "Stakeholders, Social Responsibility, and Performance: Empirical Evidence and Theoretical Perspectives", *Academy of Managemenet Journal*, Vol.42, No.5, 1999, pp.479–485.

Hitt, M. A., Freeman, R. E., and Harrison, J. S. eds., *The Blackwell Handbook of Strategic Management*, Blackwell, 2001.

Kant, I., *Kritik der reinen Vernunft.* 1. Aufl：*Kritik der reinen Vernunft* von Immanuel Kant, Professor in Königsberg. Riga, verlegts Johann Friedrich Hartknoch, 1781, in: *Kant's Gesammelte Schriften,* Band Ⅳ, Herausgegeben von der Königlich Preußischen Akademie der Wissenschaften, 1904–11, pp.1–252（第一版の冒頭から「純粋理性の誤謬推理」の章までのテキスト)。　 2. Aufl：*Kritik der reinen Vernunft* von Immanuel Kant, Professor in Königsberg, der Königl.Academie der Wissenschaften in Berlin Mitglied. Zweite hin und wieder verbesserte Auflage. Riga, bey Johann Friedrich Hartknoch, 1787, in: *Kant's Gesammelte Schriften,* Band Ⅲ, Herausgegeben von der Königlich Preußischen Akademie der Wissenschaften, 1904–11, pp.1–552（第二版のテキスト全部)。(有福考岳訳『カント全集 4　純粋理性批判 上』岩波書店、2001 年。有福考岳訳『カント全集 5　純粋理性批判 中』岩波書店、2003 年。有福考岳訳「純粋理性批判 下」有福考岳・久呉高之訳『カント全集 6　純粋理性批判 下　プロレゴーメナ』岩波書店、2006 年、1-130 ページ)。

Kant, I., *Prolegomena zu einer jeden Künftigen Metaphysik, die als Wissenschaft wird auftreten können.* Herausgegeben von Benno Erdmann, 1783, in: *Kant's Gesammelte Schriften,* Band Ⅳ, Herausgegeben von der Königlich Preußischen Akademie der

Wissenschaften, 1911, pp.253-383.（久呉高之訳「プロレゴーメナ」有福考岳・久呉高之訳『カント全集6　純粋理性批判　下　プロレゴーメナ』岩波書店、2006年、181-372 ページ）。

Kant, I., *Grundlegung zur Metaphysik der Sitten*（Herausgeber: Paul Menzer）1785, in: *Kant's Gesammelte Schriften,* Band Ⅳ, Herausgegeben von der Königlich Preußischen Akademie der Wissenschaften, 1911, pp.385-463.（平田俊博訳「人倫の形而上学の基礎づけ」坂部恵・平田俊博・伊古田理訳『カント全集7　実践理性批判　人倫の形而上学の基礎づけ』岩波書店、2000 年、1-116 ページ）。

Kant, I., *Kritik der praktischen Vernunft*（Herausgeber: Paul Natorp）1788, in: *Kant's Gesammelte Schriften,* Band Ⅴ, Herausgegeben von der Königlich Preußischen Akademie der Wissenschaften, 1908, pp.1-163.（坂部恵・伊古田理訳「実践理性批判」坂部恵・平田俊博・伊古田理訳『カント全集7　実践理性批判　人倫の形而上学の基礎づけ』岩波書店、2000 年、117-357 ページ）。

Kant, I., *Kritik der Urteilskraft*（Herausgeber: Wilhelm Windelband）1790, in: *Kant's Gesammelte Schriften,* Band Ⅴ, Herausgegeben von der Königlich Preußischen Akademie der Wissenschaften, 1913, pp.165-485.（牧野英二訳『カント全集8　判断力批判　上』岩波書店、1999 年。および、牧野英二訳『カント全集9　判断力批判　下』岩波書店、2000 年）。

Kant, I., *Die Metaphysik der Sitten*（Herausgeber: Paul Natorp）1797, in: *Kant's Gesammelte Schriften,* Band Ⅵ, Herausgegeben von der Königlich Preußischen Akademie der Wissenschaften, 1914, pp.203-493.（樽井正義・池尾恭一訳『カント全集 11　人倫の形而上学』岩波書店、2002 年）。

Kant, I., *Anthropologie in pragmatischer Hinsicht, abgefaßt von Immanuel Kant.*（Herausgeber: Oswald Külpe）1798, in: *Kant's Gesammelte Schriften,* Band Ⅶ, Herausgegeben von der Königlich Preußischen Akademie der Wissenschaften, 1917, pp.117-333.（渋谷治美訳「実用的見地における人間学」渋谷治美・高橋克也訳『カント全集 15　人間学』岩波書店、2003 年、1-331 ページ）。

Kant, I., *Immanuel Kants physische Geographie. Auf Verlangen des Verfassers aus seiner Handschrift herausgegeben und zum Theil bearbeitet von D. Friedrich Theodor Rink.*（Herausgeber: Paul Gedan）1802, in: *Kant's Gesammelte Schriften,* Band Ⅸ, Herausgegeben von der Königlich Preußischen Akademie der Wissenschaften, 1923, pp.151-436.（宮島光志訳『カント全集 16　自然地理学』岩波書店、2001 年）。

McGuire, J. W., *Business and Society*, McGraw-Hill, 1964.（中里皓年・井上温通訳『現代産業社会論―ビジネスの行動原理―』東京好学社、1969 年）。

Paine, L. S., "Managing for Organizational Integrity", *Harvard Business Review*, Harvard Business School Press, March-April, 1994, pp.106-118.

Paine, L. S., *Cases in Leadership, Ethics, and Organizational Integrity: A Strategic Perspective*, McGraw-Hill, 1997.（梅津光弘・柴柳英二訳『ハーバードのケースで学ぶ　企業倫理―組織の誠実さを求めて』慶応義塾大学出版会、1999 年）。

Paine, L. S., *Value Shift: Why Companies Must Merge Social and Financial Imperatives to Achieve Superior Performance*, McGraw-Hill, 2003.（鈴木主税・塩原通緒訳『バリューシフト―企業倫理の新時代―』毎日新聞社、2004 年）。

Paine, L. S., Deshpandé, R., Margolis, J. D., and Bettcher, K. E., "Up to Code: Does Your Company's Conduct Meet World-Class Standards ？", *Harvard Business Review*, Harvard Business School Press, December, 2005, pp.122-133.（山本冬彦訳「8 つの基本原則を確認せよ―GBSC 企業行動規範の世界標準―」『DIAMOND ハーバード・ビジネス・レビュー』2006 年 3 月号、ダイヤモンド社、125-137 ページ）。

Rosenthal, S. B. and Buchholz, R. A., *Rethinking Business Ethics: A Pragmatic Approach*, Oxford University Press, 2000.（岩田浩・石田秀雄・藤井一弘訳『経営倫理学の新構想―プラグマティズムからの提言―』文眞堂、2001 年）。

Rousseau, J. J., *Du Contrat social ou Principes du droit politique*, 1762, in: Vaughan, C. E., *The Political Writing of Jean-Jacques Rousseau, with Introduction and Notes,* 2vols, Cambridge, 1915.（桑原武夫・前川貞次郎訳『社会契約論』岩波書店、1954）。

Sethi, S. P. and Falbe, C. M. eds., *Business and Society: Dimensions of Conflict and Cooperation*, Lexington, 1987.

Sponville, A. C., *Le capitalisme est-il moral?*, Édition Albin Michel S. A., 2004.（小須田健・カンタン，C. 訳『資本主義に徳はあるか』紀伊国屋書店、2006 年）。

Stewart, D., *Business Ethics*, McGraw-Hill, 1996.（企業倫理研究グループ〈代表：中村瑞穂〉訳『企業倫理』白桃書房、2001 年）。

United States Department of Commerce, *Business and Society: Strategies for the 1980s-Report of the Task Force on Corporate Social Performance*, 1974.

和文献

有福孝岳・坂部恵編集顧問、石川文康・大橋容一郎・黒崎政男・中島義道・福谷茂・牧野英二編『カント事典』弘文堂、1997 年。

粟田賢三・古在由重編『岩波　哲学 小辞典』岩波書店、1979 年。

筏津安恕『失われた契約理論―プーフェンドルフ・ルソー・ヘーゲル・ボワソナード―』昭和堂、1998 年。

石川文康『カント入門』筑摩書房、1995 年。

稲村毅・百田義治編著『叢書 現代経営学⑧　経営組織の論理と変革』ミネルヴァ
　　書房、2005 年。

井上義彦『カント哲学の人間学的地平』理想社、1990 年。

梅津光弘「企業倫理の促進・支援制度をめぐる諸問題：概念枠設定の試み」『明大
　　商学論叢』第 83 巻第 2 号、2001 年 2 月、89-102 ページ。

梅津光弘『ビジネスの倫理学』丸善株式会社、2002 年。

大貫隆・名取四郎・宮本久雄・百瀬文晃編集『キリスト教辞典』岩波書店、2002
　　年。

大庭健・井上達夫・加藤尚武・川本隆史・神崎繁・塩野谷祐一・成田和信編『現
　　代倫理学辞典』弘文堂、2006 年。

岡本大輔・梅津光弘『慶應経営学叢書 第 2 巻 企業評価＋企業倫理—CSR へのアプ
　　ローチ—』慶應義塾大学出版会、2006 年。

荻原勝『企業倫理・コーポレートガバナンス規程集』中央経済社、2004 年。

尾渡達雄『倫理学叙説』理想社、1970 年。

加藤尚武『倫理学の基礎』放送大学教育振興会、1993 年。

加藤尚武『応用倫理学のすすめ』丸善株式会社、1994 年。

加藤尚武『現代を読み解く倫理学—応用倫理学の進めⅡ—』丸善株式会社、1996
　　年。

加藤尚武『現代倫理学入門』講談社、1997 年。

加藤尚武『応用倫理学入門—正しい合意形成の仕方—』晃洋書房、2001 年。

加藤尚武責任編集『哲学の歴史 第 7 巻　理性の劇場（18-19 世紀）』中央公論新社、
　　2007 年。

加藤尚武編『他者を負わされた自我知—近代日本における倫理意識の軌跡—』晃
　　洋書房、2003 年。

菅豊彦『双書エニグマ⑤　道徳的実在論の擁護』勁草書房、2004 年。

企業倫理研究グループ（代表：中村瑞穂）著『日本の企業倫理—企業倫理の研究
　　と実践—』白桃書房、2007 年。

金元鉢『経営倫理論』大阪経済法科大学出版部、2001 年。

久保陽一『ドイツ観念論への招待』放送大学教育振興会、2003 年。

経営学史学会編『経営学史事典』文眞堂、2002 年。

経営倫理実践研究センター監修、日本能率協会編『先進企業 28 社にみる 企業倫
　　理規程実例集』日本能率協会マネジメントセンター、1998 年。

現代企業経営研究会編（編集代表：川上義明）『現代企業経営のダイナミズム』税

務経理協会、2002 年。

後藤啓二「会社法が求める内部統制に関する取締役会決議」『ビジネス法務』中央
　経済社、2006 年 5 月号、65-73 ページ。

小林俊治・百田義治編『社会から信頼される企業―企業倫理の確立に向けて―』
　中央経済社、2004 年。

小林善彦『誇り高き市民 ルソーになったジャン＝ジャック』岩波書店、2001 年。

齋藤純一『思考のフロンティア　公共性』岩波書店、2000 年。

斎藤槙『社会起業家―社会責任ビジネスの新しい潮流―』岩波書店、2004 年。

坂部恵『カント』講談社、2001 年。

作新学院大学経営学研究グループ（代表：中村瑞穂）著『経営学―企業と経営の
　理論―』白桃書房、2003 年。

佐野安仁・吉田謙二編『コールバーグ理論の基底』世界思想社、1993 年。

沢野直紀・森淳二朗・高田桂一編『企業ビジネスと法的責任』法律文化社、1999
　年。

産経新聞取材班『ブランドはなぜ墜ちたか　雪印、そごう、三菱自動車―事件の
　深層』角川書店、2001 年。

塩原俊彦『ビジネス・エシックス』講談社、2003 年。

篠田由紀「企業倫理と環境対策―企業倫理の一環として環境対策を行うことの有
　効性について―」『明大商学論叢』第 83 巻第 2 号、2001 年 2 月、245-261 ペー
　ジ。

島田あき子『日本人の職業倫理』有斐閣、1990 年。

清水幾太郎『倫理学ノート』講談社、2000 年。

代田郁保『管理思想の構図』税務経理協会、2006 年。

鈴木辰治『現代企業の経営と倫理』文眞堂、1992 年。

鈴木辰治『企業倫理・文化と経営政策』文眞堂、1996 年。

鈴木辰治・角野信夫編著『叢書 現代経営学⑯　企業倫理の経営学』ミネルヴァ書
　房、2000 年。

鈴木恒夫「カントの定言命法について」『札幌学院大学人文学会紀要』第 59 号、
　1996 年 8 月、61-76 ページ。

鈴村興太郎・後藤玲子『アマルティア・セン―経済学と倫理学―』実教出版、
　2001 年。

髙巖『企業倫理のすすめ―ECS2000 と倫理法令遵守の仕組―』麗澤大学出版会、
　2000 年。

髙巖・デイヴィス，S. T.・久保田政一・辻義信・瀬尾隆史『企業の社会的責任―

求められる新たな経営観─』日本規格協会、2003 年。

髙巌・ドナルドソン，T. 共著『ビジネス・エシックス─企業の市場競争力と倫理
　法令遵守マネジメント・システム─』文眞堂、1999 年。

髙巌編著『すぐわかる国際標準マネジメント読本　ECS2000 このように倫理法令
　遵守マネジメント・システムを構築する』日科技連出版社、2001 年。

高岡伸行「CSR パースペクティブの転換」日本経営学会『日本経営学会誌』第 13
　号、2005 年 3 月、3-16 ページ。

高田馨『経営者の社会的責任』千倉書房、1974 年。

高田馨『経営の倫理と責任』千倉書房、1989 年。

田代義範『企業と経営倫理』ミネルヴァ書房、2000 年。

田中照純「企業の社会的責任と資本主義」比較経営学会『比較経営学会誌』第 28
　号、2004 年 3 月、39-46 ページ。

田中朋弘『職業の倫理学』丸善株式会社、2002 年。

田中朋弘・柘植尚則編『叢書 倫理学のフロンティアⅩⅢ　ビジネス倫理学─哲学
　的アプローチ─』ナカニシヤ出版、2004 年。

田中宏司『コンプライアンス経営─倫理綱領の策定と実践─』生産性出版、1998
　年。

谷本寛治編『CSR 経営─企業の社会的責任とステイクホルダー─』中央経済社、
　2004 年。

千田義光・久保陽一・高山守編『講座 近・現代ドイツ哲学Ⅰ─カントとドイツ観
　念論─』理想社、2004 年。

長銀総合研究所『尊厳なき企業の崩壊─「人間本位」の企業理念の研究─』PHP
　研究所、1993 年。

角野信夫「企業倫理と経営学の研究および教育」『明大商学論叢』第 83 巻第 2 号、
　2001 年 2 月、1-17 ページ。

角野信夫「企業倫理と経営学の研究および教育」比較経営学会『比較経営学会誌』
　第 26 号、2002 年 2 月、63-74 ページ。

出見世信之「企業の倫理的行動」『明大商学論叢』第 83 巻第 2 号、2001 年 2 月、
　71-88 ページ。

出見世信之『企業倫理入門─企業と社会との関係を考える─』同文舘、2003 年。

寺沢恒信・大井正『哲学思想史　世界十五大哲学』富士書店、2001 年。

永野重史編『道徳性の発達と教育─コールバーグ理論の展開─』新曜社、1985 年。

中林真理子『リスクマネジメントと企業倫理』千倉書房、2003 年。

永松巌静『法の論理と企業の倫理』商事法務、2002 年。

中村常次郎・高柳暁編『有斐閣双書　経営学（第3版）』有斐閣、1987年。

中村瑞穂「現代日本の株式会社」組織学会編『組織科学』第8巻3号、1974年9月、27-36ページ。

中村瑞穂『経営管理論序説』亜紀書房、1975年。

中村瑞穂「アメリカにおける企業倫理研究の展開過程―基本文献の確認を中心として」『明大商学論叢』第76巻第1号、1994年2月、213-224ページ。

中村瑞穂「『企業と社会』の理論と企業倫理」『明大商学論叢』第77巻第1号、1994年12月、103-118ページ。

中村瑞穂「経営社会関係論の形成」『明大商学論叢』第77巻第3号、1995年2月、99-113ページ。

中村瑞穂「企業倫理への接近と日本における意識」『明治大学社会科学研究所紀要』第35巻第2号、1997年3月、189-200ページ。

中村瑞穂「企業倫理と日本企業」『明大商学論叢』第80巻第3・4号、1998年2月、169-181ページ。

中村瑞穂「企業倫理と『日本的経営』」『明治大学社会科学研究所紀要』第37巻第1号、1998年10月、15-26ページ。

中村瑞穂「組織倫理の考え方」全国消防協会『ほのお』第26巻第7号、2000年7月、3-6ページ。

中村瑞穂「企業倫理実現の条件」『明治大学社会科学研究所紀要』第39巻第2号、2001年3月、87-99ページ。

中村瑞穂「ビジネス・エシックスと公益」日本公益学会『公益学研究』第1巻第1号、2001年9月、1-8ページ。

中村瑞穂編著『企業倫理と企業統治―国際比較―』文眞堂、2003年。

中村瑞穂・丸山恵也・権泰吉編著『新版・現代の企業経営―理論と実態―』ミネルヴァ書房、1994年。

南村博二『わたしたちの企業倫理学―CSR時代の企業倫理の再構築―』創成社、2004年。

西岡健夫『市場・組織と経営倫理』文眞堂、1996年。

日本規格協会編『CSR 企業の社会的責任 事例による企業活動最前線』日本規格協会、2004年。

日本経営倫理学会監修、高橋浩夫編著『日米企業のケース・スタディによる 企業倫理綱領の制定と実践』産能大学出版部、1998年。

日本経営倫理学会監修、水谷雅一編著『経営倫理』同文舘、2003年。

日本能率協会編『先進企業28社に見る 企業倫理規程実例集』日本能率協会マネ

ジメントセンター、1998 年。

日本比較経営学会編『会社と社会―比較経営学のすすめ―』文理閣、2006 年。

日本弁護士連合会国際人権問題委員会編『企業の社会的責任と行動基準―コンプライアンス管理・内部告発保護制度―』、商事法務、2003 年。

浜辺陽一郎『コンプライアンスの考え方』中央公論新社、2005 年。

百田義治編著『経営学基礎』中央経済社、2006 年。

平田光弘「コンプライアンス経営とは何か」『経営論集』61 号、2003 年 11 月、113-127 ページ。

福留民夫『日本企業の経営倫理―日本企業の経営道と倫理基準の再構築―』明光社、2000 年。

古川英明「構想力と三重の総合―『純粋理性批判』A98-110 への覚え書―」哲学会編『ドイツ観念論再考』哲学雑誌第 119 巻第 791 号、2004 年 10 月、1-17 ページ。

星野勉・三嶋輝夫・関根清三編『倫理思想辞典』山川出版社、1997 年。

堀越昌章『道徳的経営の条件―企業の永続と繁栄のために―』広池学園出版部、1984 年。

松岡紀雄『企業市民の時代』日本経済新聞社、1992 年。

松野弘・野村千佳子「企業倫理と企業の社会的責任の位置」『企業診断』2003 年 11 月号、同友館、86-93 ページ。

水尾順一『マーケティング倫理―人間・社会・環境との共生―』中央経済社、2000 年。

水尾順一『セルフ・ガバナンスの経営倫理』千倉書房、2003 年。

水尾順一・田中宏司『CSR マネジメント』生産性出版、2004 年。

水尾順一・田中宏司・清水正道・蟻生俊夫編、馬越恵美子・昆政彦監訳、日本経営倫理学会 CSR イニシアチブ委員会著『CSR イニシアチブ―CSR 経営理念・行動憲章・行動基準の推奨モデル―』日本規格協会、2005 年。

水谷雅一『経営倫理学の実践と課題』白桃書房、1995 年。

水谷雅一『経営倫理学のすすめ』丸善株式会社、1998 年。

水村典弘『現代企業とステークホルダー―ステークホルダー型企業モデルの新構想―』文眞堂、2004 年。

宮坂純一『現代企業のモラル行動』千倉書房、1995 年。

宮坂純一『ビジネス倫理学の展開』晃洋書房、1999 年。

宮坂純一『ステイクホルダー・マネジメント―現代企業とビジネス・エシックス―』晃洋書房、2000 年。

参考文献　　133

宮坂純一『企業社会と会社人間』晃洋書房、2002 年。

宮坂純一『企業は倫理的になれるのか』晃洋書房、2003 年。

森末伸行『ビジネスの法哲学―市場経済にモラルを問う―』昭和堂、2006 年。

森宮康『リスク・マネジメント論』千倉書房、1985 年。

森本三男「企業倫理とその実践体制」『青山国際政経論集』第 25 号、1992 年 10 月、69-90 ページ。

森本三男『企業社会責任の経営学的研究』白桃書房、1994 年。

森本三男『経営学入門（三訂版）』同文舘出版株式会社、1995 年。

山口厚江『高齢者介護ビジネスの社会的責任』文眞堂、2005 年。

山崎正一『カントの哲学』東京大学出版会、1957 年。

山下裕介「企業倫理の内部制度化―複合型アプローチの論理―」駒澤大学大学院商学研究科『商学研究』第 34 号、2006 年 3 月、25-56 ページ。

山下裕介「『現代 CSR』の論理とその制度化」駒沢大学経済学会『経済学論集』第 38 巻第 3 号、2007 年 2 月、67-89 ページ。

山脇直司『公共哲学とは何か』筑摩書房、2004 年。

横田絵理『フラット化組織の管理と心理―変化の時代のマネジメント・コントロール―』慶應義塾大学出版会、1998 年。

ヨンパルト，J.『成文堂選書 43　道徳的・法的責任の三つの条件』成文堂、2005 年。

麗澤大学経済研究センター（企業倫理研究プロジェクト）『倫理法令遵守マネジメント・システム―ECS2000v1.2 の導入と活用法―』麗澤大学出版会、2000 年。

〈著者紹介〉

山下裕介（やました　ゆうすけ）

1999 年　埼玉県立南稜高等学校卒業
2003 年　上武大学経営情報学部経営情報学科卒業
2005 年　作新学院大学大学院経営学研究科経営学専攻博士前期課程修了
2008 年　駒澤大学大学院商学研究科商学専攻博士後期課程修了
　　　　博士（商学）（駒澤大学）
現　在　作新学院大学経営学部准教授（「企業の社会的責任論（CSR）」担当）
　　　　作新学院大学大学院経営学研究科准教授

企業倫理研究序論
―経営学的アプローチと倫理学的考察―

2017 年 3 月 20 日　第 1 刷発行
2023 年 4 月 1 日　第 2 刷発行

　　　著　者　山下裕介
　　　発行者　黒川美富子
　　　発行所　図書出版　文理閣
　　　　　　　京都市下京区七条河原町西南角〒600-8146
　　　　　　　TEL（075）351-7553　FAX（075）351-7560
　　　　　　　http://www.bunrikaku.com
　　　印刷所　モリモト印刷株式会社

Ⓒ Yusuke YAMASHITA 2017　　　　ISBN978-4-89259-807-4